為什麼
中國人這樣美國人那樣

王定和　著

說在這本書的前面

　　人身體或精神上的病一定有病因，如煤礦工人得肺癌，煤礦裡的灰塵就是使煤礦工得肺癌的病因。中國人的壞毛病、壞心機、自私自利、是非不分，不知自尊尊人等等精神上和行為上的病症，其病因就是人治與專制。

　　只要人治與專制政體繼續存在，中國人的苦難和壞毛病就沒有辦法根除！一旦離開人治與專制到民主與法治的國家又因為久病不知道自己有「病」而遭當地人討厭。

　　醫生告訴我們病因，我們願意治療，甚至改變自己的生活方式來治自己的病，我們的病痛就會減輕甚至沒有。我們一聽醫生告訴我們病因就會「聞病因而怒」，不要治，不願意治，也不治，我們的「病」會隨時使我們痛！

　　這本書就是告訴大家既然要在美國生活，我們就應該瞭解在人治與專制政體下養成的那些壞毛病，一旦在美國這樣民主與法治的社會中有意或無意習慣成自然地顯露出來，一定會招致美國人的討厭。因此知道自己的病因因而改正自己的言行不招美國人討厭，正是這本書的目的。除此之外，你的家庭也會和樂。總而言之應該「行有不得反求諸己」。

　　英文說到「我」要用大寫「I」，因此人人的「我」都很大，誰也不比誰矮半截。美國人的父母和老師從小就對孩子和學生說禮貌話，所以美國人長大了對別人也會有禮貌。凡是對人不說禮貌話和字的人，大家都會給他白眼或臉色看！

3

中國人說到「我」要看「大」「小」，「上」「下」，學生對老師，學生要說自己是「愚生」，職員對上級，職員要說自己是「竊職」，人民對官，人民要說自己是「草民」，官小一級對官大一級，官小的要說自己是「下官」，大官對皇帝，大官要說自己是「奴才」。只要碰到「上」和「大」，我們的「I」就變成小寫的「i」。

中國人的父母和老師從小對孩子和學生一開口就是命令、交待、訓斥、辱罵或動手打，這是「罵你是為你好」、「不打不成器」，等我們長大了，我們的禮貌是選擇性的，只要你「大」，你「上」，我就對你有禮貌，否則理都不理你！只要我「上」，你「下」，我「大」，你「小」，我對你就是用命令、交待、訓斥，甚至辱罵！舉例供大家參考：

中國人是我的「我」壓得住你的「我」，強迫你隨我選擇的方式去做我就有面子。聚餐的時候，我對你舉杯把頭一仰乾了，空杯對著你說：「先乾為敬」。這是強迫你隨我選擇的方式去喝，你不喝就是不給我面子，為此可以翻臉成仇，打架甚至動刀動鎗殺人。

美國人要乾杯之前一定會徵求你的同意，他會問你：「我們乾杯好不好？」你說：「不要」，他一定尊重你的「不要」，絕對不會強迫你做你不喜歡做的事。

有一年十二月十五日世界日報副刊黃碧瑞女士寫的「李潔明為什麼要『道歉』？」文內說：「……據報導是李潔明動了氣，對人群大喊『回中國去為中國服務，你們是懦夫！』現場的抗議人士驚愕莫明，瞠目不知所對……」。

常言說：「習慣成自然」，抗議人士發揚「我」最大的習慣，強迫李潔明隨他們選擇的方式去做，因而激怒李潔明，不但不喝還把杯子摔回去，中國人瞠目不知所對了—最怕別人看不起，偏偏習慣

4

性地做別人看不起的事。

中國上級或老闆不徵求你的意思，直接交待你怎麼做是看得起你。如果你是銷售人員，老闆或經理星期五對你說：「明天下午 ABC 公司採購經理來這裡，晚上六點在大三元餐館請他吃飯，你也來（這是看得起你，交待你來）」。

美國老闆或經理會在二、三天之前先徵求你的意思：「這個星期六下午 ABC 公司採購經理來這裡，我們要請他在 May Flower 餐館吃飯，六時你能不能來？（先徵求你能不能來？）」

中國上級交待美國人星期六下午六時要來，美國人不懂「交待」，一口回絕「No, I can't」，不識抬舉讓中國上級沒面子！

總而言之，你不願意美國人給你臉色看，更不願讓美國人看不起你，你最好睜開眼睛看看美國人禮貌的態度和用什麼禮貌字，學學！

皇帝絕對的「權力」逼迫我們沒有原則，沒有立場，是非、黑白、對錯混淆不清，不能有「格」，更不能有「自尊」！

中國人的「壞」像是表裡不一，陽奉陰違，沒有公德，自私自利，喜歡聽謊話，沒有主見，不敢說「NO」，逆來順受，專往壞處想，唯唯諾諾悶不吭聲，一盤散沙，自認倒霉，貪污索賄，「大」欺「小」，「上」騙「下」等，那一樣不是跟皇帝絕對的「權力」有關？

如果是領兵抵禦外侮的大將，你能沒有原則，沒有立場，是非，黑白，對錯混淆不清嗎？答案是「不能」，因為帶兵打仗一定得有原則，有立場，是非、黑白、對錯清楚才能賞罰分明。如果你是有原則，有立場，是非、黑白、對錯分明的人才，你註定結局悲慘！

胡秋原先生寫了一本「中國英雄傳」，七百多位英雄沒有幾位英雄的結局是好的。

宋朝大將岳飛，精忠報國，領兵抵抗金人入侵，結果被自己的皇帝砍了頭。

明朝大將袁崇煥，領兵抗清入侵，結果被活剮三百〇八刀，被自己的皇帝下令凌遲而死。

二次世界大戰留名戰史的孫立人將軍，結果是被英明的領袖幽困到死。

外交人才葉公超先生主張中華民國留在聯合國內，結果被偉大的領袖幽禁到死。

王建煊先生為中華民國財政部長，不貪不墨，守正不阿，主張徵收土地增值稅，結果被財團及政客聯手讓民主領袖把他趕下台。

陳水扁總統上台，你看看他的內閣閣員那一位是人才？在中國，英雄和人才就表示他命中註定結局悲慘！

河南 74 歲退休醫生高耀潔女士從九〇年代開始孤軍奮鬥幫助河南那些因為賣血不潔而傳染到愛滋的貧農，因而得到「全球衛生協會」預定於二〇〇〇年六月三十日頒發「曼恩世界衛生與人權獎」，中國官方竟然不准高耀潔女士出境領獎，那些官員還對高大夫警告，恐嚇，威脅停止救人。

絕對權力培養「我最大」，我最大的社會容不下英雄和人才，你仔細想想：

你是有原則，有立場，是非，黑白，對錯分明的宰相，你向晉惠帝報告：「因為旱災，人民沒有糧食吃，餓死好多人」，晉惠帝說：「他們為什麼不吃肉？」你敢當朝指出晉惠帝說的是「屁話」嗎？！面對這種混帳皇帝，任何大臣都只能不吭氣的當奴才。

皇帝是天的兒子，所以是天子，只有他有自尊心，你敢說皇帝有錯讓皇帝沒面子，掃了皇帝的興，皇帝輕怒則當場對你辱罵，大

怒則把你貶成平民（生活苦囉），火冒三丈就叫錦衣衛把你拉到午門砍頭，甚至滅你九族！任何人才不能在皇帝面前顯出他比皇帝棒。你是英雄就會功高震主，皇帝就怕你把他推翻篡位，非殺你不可！因此英雄的結局比人才慘。

全國只有皇帝一個人是「人」，其他的人全都不是人，因此我們的人格被扭曲得不成人形。

「自尊心」是人的本性，我在皇帝面前不能有自尊心，所以別人在我面前也不能有自尊心。人人為尋求那失去的自尊心而追求「大」，因為只有「大」的人才受尊敬，為了追求「大」，什麼壞心眼都使得出來！

美國沒有皇帝，美國的總統、州長等都是人民用選票選出來的，參議員也是人民用選票選出來的，參議員通過的議案成為法條交由總統執行，總統亂來參議員就會彈劾他叫他下台。在這民主法治的國家裡，人人都保有自己的自尊心，大家互相尊重，一個被大家尊敬的人是他賺來的，所以英文說：「One who earns the respect」跟他「大」不大沒有關係。

任何人在美國生活得快樂或不快樂，不在於碩士或博士學位，也不在於帶來的錢多和錢少，要看你能不能瞭解美國人和美國事，英文說：「打不過他們就加入他們 If you can not beat them, join them」。又說：「身在羅馬，你必須照羅馬人做的去做 When at Rome you must do as Romans do」。你打不過他們也不加入他們，身在羅馬必定照中國人做的去做，你在美國活得很痛苦的呀！

為什麼
中國人這樣**美國人**那樣

8

目次

9

10

為什麼
中國人這樣**美國人**那樣

變與不變

2005 年 5 月 15-21 日的世界周刊裡有一篇信懷南先生寫的文章，供大家參考：

一百年前，也就是 1905 年，美國人的平均年齡是 47 歲。全國只有 14%的家庭有衛生間，8%擁有電話；從丹佛打到紐約的長途電話，三分鐘要 11 塊錢，是 50 個鐘頭的平均工資。那時美國工人的薪水一年大約是兩百塊到四百塊。會計師的年薪是 2000 元，牙醫 2500 元，獸醫 1500 元到 4000 元，機械工程師的年薪是 5000 元。

那時候美國全國只有 8000 部車子，柏油路加起來也不過 144 英里。在大多數的城裡，汽車的時速最高是一小時 10 里。全世界最高的建築物是巴黎的艾菲爾塔。美國加州的人口只有 140 萬，在美國 45 州中排名 21，比阿拉巴馬、密西西比、愛阿華、田納西的人口少多了。那時候亞利桑那、奧克拉荷馬、新墨西哥、夏威夷、阿拉斯加連影都沒。您猜猜今天所謂的賭城拉斯維加斯當時有多少人？！30 位！能相信嗎？

拼字遊戲、罐裝啤酒、冰淇淋在 1905 年時都還沒發明。成年的老美當中，20%是文盲，只有 6%的人高中畢業。90%的醫師沒讀過大學，他們讀所謂的「醫學院」被政府貼上「野雞學店」大標籤。95%的人是接生婆來家裡接生的。大麻、海洛因、嗎啡在藥店裡全買得到。死亡率最高的五種疾病，依排名次序是：肺炎、肺結核、痢疾、心臟病和中風。

白糖四分錢一磅，雞蛋一毛四一打，咖啡一毛五一磅。大多數的女人一個月才洗一次頭髮，用的是蛋黃或硼砂來洗。但是 18%的

家庭至少有一個全職的佣人。加拿大說什麼都不准「窮人」入境。一百年前，全美國一年的謀殺事件才 230 件。

差不多在同一年，一位美國衛理公會在中國的傳教士明恩溥（Arthur Henderson Smith），將他寫的一本書《文明與陋習》寄給了老羅斯福總統。明恩溥建議用「庚子賠款」選拔中國學生留美。10天後，老羅斯福回信明恩溥謝謝他送的書，並且告訴明恩溥，由於看了這本書，自己覺得對中國和中國人了解了許多。

明恩溥 1845 年出生在美國康州，1872 年就到天津傳教，1932年死在加州。他在中國前後住了 50 年，算得上是個「中國通」。在這本《文明與陋習》書中，明恩溥列舉了 27 點中國人的特質。這27 點特質是：

死要面子、過分節儉、勤勞刻苦、
禮貌周到、浪費時間、立場不清、
不易了解、言不由衷、柔韌性高、
智而不慧、無動於衷、傲慢偏見、
不惹閒事、墨守成規、作繭自縛、
生命力強、能忍能屈、知足常樂、
講究孝道、善有善報、無慈無悲、
喜歡吵架、重視關係、不重公益、
疑心病重、信口雌黃、擇善而從。

一百年過去了，美國社會發生了翻天覆地的變化，但「吾土吾民」的民族性，和一百年前那個洋鬼子明恩溥的結論沒什麼改變。不錯，老祖宗古有明訓：「江山易改，本性難移」，但為什麼（老美）江山易改，（老中）本性難移呢？

我人生行旅最奇怪的偶然之一是台灣首富郭台銘聘我為「執行

顧問」，為該公司的明日之星上課。有天，一個學生問我：「公司文化改革，是從上面改容易呢？還是從下面改容易？」我當然知道他問這話的意思。我說：「要看在那裡？在美國，上面改容易，要下面的人對改革「百應」（Buy-in）比較難。在台灣和大陸，正好相反：上面對人叫跳，下面的人只問跳多高，不會問為什麼要跳？

我在鴻海的經驗是失敗的經驗，但我的答案絕對正確。這就是為什麼一百年來，中國人惡習難改的原因：問題出在上面不改變，下面的人不敢也不願改變。

一百年後，美國社會變成啥樣我不知道，但我擔保中國人的陋習仍然很難改變。中國式的改革要從上面改起。

大報編輯回話

2003 年 3 月，我把在「長青新聞」上刊登的「想在美國生活得快樂嗎？」文章交給我的廣告經紀曉宏女士，請他轉交給大報的編輯，這是一位編輯看了我的文章後，給我來信說：

王公子扶正：

昔日，美國曾有學者揭櫫《醜陋的美國人》深獲民間社會的肯定與其人民的自覺和警惕，日本亦曾出現過《醜陋的日本人》為主題，進行其國民體質的淨化，他們的輿情反應良好，社會省視維新。

在一九八三年，台灣的柏楊先生有過相同的情懷，悲時局，憫中國人所生活的社會之顢頇與陳腐，特意出版了《醜陋的中國人》。一時之間，柏楊先生遭遇來自於各遇的抨擊和詆譭，從而也結束了柏楊先生的筆耕生涯。

昨日黃花，今當紅

乃至於美國的華人社區，迄今，凡中國人新生活的社會空間並未臻「接受曝短的道德勇氣」和「自覺反省能力」之程度。

在智識成熟度依樣青澀，意識型態沉悶籠罩的民間社會裡，民族主義的無盡渲染，在政治運作的推波助瀾之下，這個風潮仍將主導整個「中國式」的民間社會之未來走向。

往者已矣，來者依舊。過去體制性教育所醞釀出來的種子，如今都是當紅的意見領袖（OPINION LEADERS），偌千年盤根的共犯結構，任誰操得兵符，任誰都是「按照規律」辦事。

徐娘這朝，成婆家

中文世界距離產生 Watch Dog 的時代，路徑尚遠，任何的中文媒體，皆乃直接或間接隸屬於政治豢養的爭戰工具，其從業者亦各自立場分野，不敢造次。

多年媳婦熬成婆，這朝老娘已當家，祇要 Audience Happy 乖乖歸順我老人家，魯迅、李敖……等的嬉笑怒罵，對各權與利之崗位老而言，都也只是令他們討厭的「番鴨」，他們一樣地權傾，他們的 Audience 也一樣地俯伏。

長青清流

打論壇報時代顛簸到今天的長青新聞，倘非少數清流人士的篳路藍縷，貫徹其宗旨，像這樣難以見容於中文世界的異數，早就無疾而終了。有心人也無緣在長青新聞的網頁上，看到那諄諄惠眾的「王公子開講」了。

惠眾者，眾矢之

因為溯源於「人治與專制」之根本，所以，無分貴賤貧富，不論學識高低，人們習以自我膨脹慣了，喜歡被熙攘哄抬慣了，是與非，也就不存在於他們的社會價值中，只要誰敢揭露「中國人」的短跟淺，那無異是犯了忘祖背宗的天條，眾圍矢之。從五四以來，前車之鑑，不勝枚舉。

王公子開講的優勢

1. 王公子跨躍了一甲子，前後約五個世代（Generation）的現代史
   之變動。

2. 王公子獨立超然於「人治與專制」體制之外，凡卅八年，冷眼
   旁觀清澈見其底。

3. 王公子有活生生的戰役為基石，以真刀實槍來引述逐鹿西方世
   界的戰場經驗，其臨場感正投此地人們的身之需，但是，「中國
   人」短視交利，與其要先照照鏡子，看到自己的瘡疤，而後才
   能交利，那麼，他們寧死也會選擇拾棄他們的切身之需，因為
   他們都從母國帶來了足夠的軍糧（MONEY）。

4. 要是能擺開那爭議性與意識型態極其強烈的「中國人」三個字，
   以說故事的形態，導引出生活中面面觀所可以產生的金錢利
   益，相信人們會樂而不疲。

5. 從生活面面觀中，可以揉合引証過去華人成功與失敗的實例。
   失敗的實例，可以滿足人們幸災樂禍的快感；成功的實例則可
   以填充人們心理的空虛感，此乃人們的盲點。

6. 人們除了被迫替家長到學校讀書，出了校門，就不讀書，所以
   人們普遍缺乏花錢去買書、買報紙、花錢去聽王公子講習的心
   理基礎，然而當他們被導引到與他們生活實際中切身之需時，
   那別人成功的實例，很令 Audience or Reader 因羨慕而垂涎；那
   別人失敗的實例，則讓 Audience 因慶幸而興奮，津津樂道於茶
   餘飯席間，That's the only way to make them pay for。

7. 王公子開講，富有積極意義的生活實務和商業價值，相信在抽
   離了人們所畏懼的「隱痛」之後，它所躍然於紙上的珠璣，終

將洛陽紙貴。Don't you？！

8. 「旁觀者」則清，然而在廣眾人們的邏輯中，只要你是黑頭髮黃皮膚，會說寫中文，這樣的字眼或話語，則會被列為大逆不道，被他們規入強烈抵制與詆譭的對象。

　　註：《王公子開講》是王定和著的一本書。該書文章曾刊載於世界日報的世界周刊。

權力和權利

　　不論個人以什麼理由要住在美國，相信絕大半多數有綠卡的人，一旦居留期滿可能考慮要入美國籍。沒有綠卡的人，也想盡辦法要弄張綠卡。如果我說的沒錯，那麼從現在開始是不是應該好好考慮一下「如何適應美國社會的生活方式」呢？

　　要適應美國社會的生活方式絕非一知半解就能適應。應該徹底瞭解中美兩國傳統的不同。然後才能進一步適應。中美兩國人在基本思想和行為上有什麼不同呢？關於這一點我提出個人的觀察：

中國人「權力」至上

　　中國是權力統治的社會。權力英文是 Power，Power 是絕對的，不可以質疑的，不能批評，要絕對服從的。「君教臣死，臣不敢不死。父教子亡，子不敢不亡。」就是權力統治最好的證明！

　　中國人為爭取權力不遺餘力。因為誰大誰就得聽誰的。只要官做得大，人格和學問也同時偉大起來。小的什麼都沒有。有權力就是老大，老大不必有義務。

　　納稅是人人應盡的義務。但有權力的人去世沒人敢調查他有多少財產。他的一切財產都不公佈。更何況抽遺產稅了，誰敢？！（蔣中正去世時，台灣已經有遺產稅了。白雅燦先生競選國大代表的政見是「公佈蔣中正遺產稅」結果被送到綠島。）

美國人講求「權利」

　　美國人講的是權利，權利英文是 Right。Right 不是絕對的，可以質疑的，可以批評的，也可以不服從的。任何人的權力都是由大

家通過以後賦予的。

有權力的人一樣要盡義務。美國總統去世以後，遺囑認證法庭（Probate Court）照樣清查並公佈他的財產並徵收遺產稅！沒有人例外！

權力與權利二種社會產出二種互相想不通為什麼對方這麼做的國民。試舉幾個例子供大家參考：

老師說的就是標準答案

中國是權力統治，教育也是權力教育。老師說的就是標準答案。如果老師說：「人之初，狗咬豬……」。考試的時候，試題問：「什麼是人之初？」學生就得答：「狗咬豬。」至於什麼狗咬豬？什麼狗不咬豬？學生是不可以問的。老師教 1+1 等於 2。這「2」就是標準答案。中國學生不必自己去想！

美國人是權利。老師教「人之初，狗咬豬。」學生就有權利問：「什麼樣的狗才咬豬？什麼樣的狗不咬豬？」老師就有義務回答。老師教 1+1，至於等於幾？則由學生自己去找答案。學生要有自己的想法和見解。

中國人對於「吃也得吃，不吃也得吃」的讀書方式（強背死記）比老美好。一旦要他說出自己的想法和見解時，恐怕就傻了眼。

硬塞硬吃式的權力教育法，使中國人一聽要「學」就害怕，甚至就要嘔出來。在美國，凡是不想學的人，尤其不想從頭學起，要學也是找捷徑的人，注定要被淘汰或吃大虧！

因為美國是一個快速轉變的社會。一切的一切日新月異。不論是碩士還是博士其頭銜只管五或六年。五、六年之內沒有進步或停

止學習就被淘汰！學，要實實在在地學。

「命令」遍走天下

中國人是一頭大，父親是家裡的皇帝，老師是學校的皇帝，老闆是伙計的皇帝。芝蔴官也是人民的皇帝。皇帝是所有人的皇帝。

請想一想，你我父親、老師、老闆叫我們做事的時候是不是都是命令式的？在命令的口氣裡有沒有加個「請」字？！做完了有沒有說聲「謝謝」？！

這種一頭大的社會是不會尊重人的！中國人覺得誰要說了「請」和「謝謝」就有失身份低人一等！要是說了「對不起」就好像自己人格忽然矮了一大截，真是奇恥大辱！因此，人與人之間充滿了暴戾之氣。隨時隨地準備幹架，吵嘴或相罵！

美國人人都有權利，彼此之間就得互相尊重。不論是誰都要學會說 Please, Thank you, Excuse me 和稱呼別人 Sir 或 Ma'am。人與人之間以禮相待。此外，美國人也常用 May I……Would you……等禮貌字眼。

大家都說這些禮貌字，人與人之間的暴戾之氣下降。忘了誰說的「你捏著二個拳頭去找人，別人必然捏著二個拳頭等你！」

什麼樣的行為惹人反感

要尊重別人，別人才會尊重自己。自己不尊重自己，也休想別人尊重自己！

甚麼樣的行為使別人不尊重自己呢？

吃自助餐，一拿一大盤子，吃不了剩下，或不喜歡吃的堆在一

邊又再去拿。（老美是吃多少拿多少。）

聚餐時旁若無人大嗓門兒說話。為自己愉快而放任孩子在餐廳裡亂跑。電梯門一開不等人全出來，也不讓女士們先進，自己一頭就往電梯裡鑽。

別人在櫃台前辦事，不等別人辦完，一大家子人擁向櫃台七嘴八舌。

在掛有「禁止入內」牌子的地方無視於不准偏要進去（中華航空公司班機一到，在海關出口那一塊地方不准接機的人進去，但是就有人偏偏要進去。我親眼看老美海關人員以極為卑視的眼光轟這些人走）。

多了，不勝枚舉「要想別人怎樣待你，你就怎樣待人」。一個沒有禮貌而又不管別人的人，在美國社會一定遭人白眼相待。一旦遭人白眼就認為美國人歧視中國人。朋友，想想自己的臉是不是長臉？自己用的字是不是使人聽起來不舒服？自己的行為是不是惹人反感？子曰：「行有不得反求諸己。」

不願意，就說 NO！

中國人的權力打擊力是很殘酷的。「大」人要你做事，這個事不論對錯，不論你能不能做，更不管你願不願意做，你都不能說「不要，不行，不可以，不願意。」「不」就是「反」的意思。反還得了！在家挨大嘴巴子，在社會要被整，在官輕者丟官，重者砍頭，說不定還會滿門抄斬！

中國人明明心裡百分之百「不要，不行，不可以，不願意」。但嘴上硬是不敢說「不」，怕說了「不」以後其後果可怕！因此中國人

23

說話要用猜，推測，察顏觀色來判斷他的唯唯諾諾或模稜二可的話究竟是 Yes 還是 No。

美國人是個人獨立主義。人人都有權利拒絕不願意做的事。也有權依規章說不行。任何人只要說了 No！大家就尊重他說的 No。

如果，你心裡不願意而又習慣性的因為不好意思拒絕而言不由衷的敷衍敷衍，把 No 說成 Yes，這會為你招來更大的麻煩！

只要你不願意，你就直截了當的說 No！美國人絕對不懂中國人說話要用猜、推測和察顏觀色這一套！

法律站在權力那一邊

「朕即天下，天下即朕」。中國的法律是站在有權有勢那一方面的。我們有句俗語說：「衙門八字開，有理沒錢莫進來」。有權有勢的人更可以命令法官冤判、枉判，這叫做「奉命起訴。」當然也可以命法官不准判刑，這叫做「奉命不起訴」。

當我們說：「沒有王法了嗎？」這王法指的是皇帝的法，不是大家的法，要伸冤還得遇上青天大老爺。因此，中國人對法的觀念薄弱。對去法院視為畏途。往往有冤無處訴。

一個人治社會，國家的治理是由上而下，上位者以自我為主，下位者事事都要報告。使整個社會缺乏制度與體系。尤有甚者大家都不負責。

美國是權利社會，既然人人都有權利，那麼誰的權利是對的？誰的權利又是錯的呢？於是立法規定。因此，美國的法是大家的法。英文說：「Rule is rule（規定就是規定）。」法既定則人人一體遵守沒有例外。

這種以法為基礎的社會，不但使美國人有冤有處訴，也使美國人制定完整的制度和社會體系。國家的治理是由下到上，人人對他所主管的事有權決定，亂來的人自己負法律責任！

要在美國生活，不但要有法的觀念，還要進入美國體制內。凡是自以為這麼做沒錯；心存僥倖；對法無知或不按美國體制做事的人，一旦遇上法，肯定吃不了兜著走！

生意愈做愈小

幾千年來中國人的權力觀念使中國人「寧為雞口，勿為牛後」的思想根深蒂固。雞口雖小是吃米的，牛後雖大是拉糞的。這種權力大於一切的觀念使中國人沒有容人的氣度，眼光短淺又變得自私自利，所有的精力幾乎都耗在爭權上！上位者鮮有為部屬夥計著想的，股東與股東之間也是為爭誰大而爭而鬥，因此，中國人的生意是愈做愈小。

當中國人說：「我有權這麼做」或「我有權這麼說」的時候，這個「權」自然而然指的是權力。如果趙、錢、孫三人各拿出相等的錢做生意。趙先生為防止別人吃錢於是提出「我太太做會計」。錢先生也要防一招於是提出「我妹妹做出納」。孫先生也說了「我小姨子做總務」。不論出納、會計和總務有沒有經驗或能力勝任，老子出錢你們就得聽！三個老子誰聽誰的？！不合夥做生意還是好朋友，一合夥做生意反而成仇人。

美國人是基於有什麼權利要盡什麼義務。同時按照一定的體系去做。英文說：「Small frog in the big pond。（大池塘裡的小青蛙）」看誰跳得高！彼德、約翰、瑪麗三人合夥做生意，他們都很清楚自

己的權利是什麼，如果彼德提出「我太太做會計」。那麼彼德的太太必然是做過會計，有這方面的學識和經驗，而且有能力勝任。否則，他知道提出來也是白提！股東與股東之間為事而爭論時採取Compromise（和解或折衷）或少數服從多數的方式來解決問題。

權力：「我」最大；權利：「大家」最大

當一個老美說 I have the rights to do that 或是 I have the rights to say that 時，他是不是有 Rights 這麼做或這麼說，要大家認可，大家不認可，他說的 Rights 也沒有用！

除非我們把權力改為權利，我們大家的觀念才會容易溝通，才能談合作。因為權力是「我」最大！權利是「大家」最大。權力是絕對的，沒有商量餘地的。不論別人認不認可都得接受。權利不是絕對的，可以商量，和解和折衷的，甚至可以否決的！

自己的權利不被大家認可時，就得接受大家認可的權利。要從權利轉變為權力時，就要由大家通過後賦與。

在權力的觀念和心理狀態下，二個中國人要談合作太難了。有權利的觀念，二個人也好五個人也好就容易溝通合作。

在美國這樣工商業發達的社會裡，要資本集中才能成大事，資本集中要合作。在各行各業出人頭地後，再培養人才進入政治圈為中國人爭取利益。否則，個人有三五十萬或三五百萬又怎樣呢？在資本大吃小的社會裡，這些錢一下子就被人打垮！

「路」是因人而異

權力統治社會猶如有汽車沒有公路。有駕照可以開，沒駕照也

26

可以開。「路」要看人怎麼走，有權有勢的人其「路」四通八達。不論什麼規則都可以因人而異。

一旦發生「車禍」要看是什麼人。「大」人就沒事。有「關係」有後臺的人可以大事化小，小事化無。至於「小」人就問題嚴重了！要負「車禍」責任！

法治社會是有汽車也有公路。人人都要考取駕照才能開車。「路」是為人開的。人人都得照著既定的「路」走並遵守法規。「小」人如此，「大」人也不例外！凡不照「路」走而違反法規的人要自己負責！整個社會是以法和制度控制人的行為。

任何人都可以不遵守規則，違反規則的人不被逮到則已，一旦被逮到，輕者使人心痛——罰的錢多；其次頭痛——上法庭，付保釋金、請律師麻煩多多；重者身心都痛——關入監牢。

以上我所說的這些是以百分比多少為準的。每一個社會必然有各式各種人。任何社會有禮貌的人佔百分之九十五就是好。沒禮貌的佔百分之八十以上就是不好。百分之九十的人開車守規矩就是好，百分之九十開車的人不守規矩就是不好。

切盼大家在大池塘裡跳得高，要跳得「高」必須把權力的觀念改為權利，否則連跳都跳不起來！

此文刊於 1985 年世界日報的世界周刊，20 年後的今天此文仍「一針見血」。

編輯先生大鑒：

近日在《世界周刊》讀到《王公子開講》，首篇「權力和權利」，我細細讀了一遍，感動得無法形容。

我來美國二十年後，這是第一次讀到一篇真正言之有物、一針

27

見血的好文章，中國人在美國自誇有學識，能刻苦、為人忠厚本份
（這點是自欺欺人），可是始終得不到應有的尊重，當然白人歧視、
黑人嫉恨是主要因素；然而同是黃種人的日本人在老美心中的份
量，硬是要比我們中國人高，這是事實。現在就連韓國人都比中國
人更受尊重了，一般新聞報導常常強調韓國人開的蔬菜水果店裡，
貨色新鮮，環境整潔，進去店裡賞心悅目，找不到一隻蚊蟲。

「人必自侮，然後人侮之」，中國人缺乏尊重他人的觀念，因為
中國人本身缺乏自尊自信，從小學會只要懂得對長輩師長鞠躬假
笑，一切便會平安順利，臉上假笑，心中打著自私的算盤，等到進
入社會，邁向中年，中國人個個變成精明透頂的老油條了，要向他
們灌輸「尊重」、「權利」等等觀念，等於對牛彈琴。

許多次我禮讓他人，對方很感謝地說：「謝謝您這麼好，您是日
本人吧？！」我說我是中國人，他說：「啊！我遇見的日本人都極有
禮貌，您真不像中國人。」我把家中庭園整理美觀，路人都問這家
定是韓國人，我說我是中國人，他們說這裡另外住有一家中國人，
寧可全家老小坐在門口大聲講話，前後院子雜草叢生，最近又從台
灣接來一大批人，熱鬧極了，聲震四鄰。

謹向王定和先生致敬！

《世界日報》長期讀者

用心觀察，學習，用大腦反省，思考

　　任何人來到美國以後決定留在這個國家謀生，日後他生活得快樂與不快樂在於他能不能面對美國的「現實情況」去觀察、去學，時時反省，多用大腦思考，少用小腦直接反射就會快樂，否則就不會快樂。

　　一九七九年五月六日。我移民美國，當時四十二歲，已是不惑之年；以台灣國立政大教育系畢業的學歷，按美國標準已被淘汰四次；帶來的一千五百元美金是向現在住在紐約市的陳鐵輝先生借的。

　　在美國這樣高度專精的工商業社會裡，我移民美國所具備的條件是多麼的可憐！因此，內心的慌恐、茫然、困惑和挫折感天天伴隨著我，精神壓力使我整整水瀉三年！

　　在這樣的困境下，我在「世界日報」登廣告「不論甚麼問題都免費回答」，每天電話不斷，我把各種問題歸類，如「向政府借生意貸款有甚麼條件？」我去問會計師，「移民、離婚等」法律問題，我去問律師，把得到的答案寫下來登在「世界日報」和「遠東時報」上。

　　除此之外，參加美國人舉辦的講習會如 AMWAY 銷售法；到海關拿「入關須知」；警察局要「個人與家庭安全指南」；法院索取「小額訴訟法庭管甚麼事？」等資料並譯成中文，按來美國先後次序編成一本「在美生活須知」。

　　當我開始做人壽保險這一行時，對投保人提出的問題如「我怎麼知道你賣給我的保險是最好的？」我回到公司問美國顧問，不但找到權威性報告，還譯成中文。

我發現太多的人不會看美國的權威報告和報導，反而「我聽親戚說⋯⋯，我聽朋友說⋯⋯」比權威報告和報導更「權威」！

太多的人也不瞭解美國各行各業分工得很細，拿「職業介紹所」來說吧，各種不同的職業，有各種不同的職業介紹所，要從事那種行業得找對介紹所。

為了使大家瞭解美國各行各業的專精和權威性的報告，我又根據各種資料中英文對照編譯成一本「在美求職，賺錢，投資和養老須知」。

跟美國人接觸，相交，閒談久了，發現中美兩國人基本上的大差異在於中國人是個人「拳（權）力統治」，「我」最大！也是「拳（權）力教育」，「我」最棒！人人的「我」最大，最棒還有甚麼合作可言呢？因此，人與人之間不但冷漠，也成為一盤散沙！

美國人是「權利統治」和「權利教育」，大家的「我」最大，多數人同意或讚成就是「YES！」，否則就是「NO！」，大家都有權利（Right）表達自己的意見，因此，人與人之間不但可以合作；也互相尊重。

為此，我又在「世界周刊」裡寫中國人與美國人的差異、好壞，名為「王老子開講」，並集成一冊出書。

美國是一個隨時不行就「改」的社會，一九八六年稅法大修改，把一九八六年以前在稅法上給大家的好處幾乎全部刪除！從一九八八年開始的新稅法只留下「生老病死」的好處。於是我又編成一本「生老病死基礎稅法」。

一九八八年四月，我們全家從舊金山搬到洛杉磯北邊一小時車程的蘭卡斯特市（Lancaster），在這一新興區內研究地產投資，得到的答案是「投資土地不是最快最好和最安全的方法，但確是唯一可

以致富之道。」

　　致富一定要「懂」，懂就是瞭解「土地大幅增值所具備的條件，適當時機做成 Tract Map 出售等等」。有憑有據的編成一本「美國地產投資須知」。

　　1990 年開始美國經濟衰退，到 1995 年洛杉磯地區房地產跌45%，沒人投資地產，我幾乎破產，這時我才想到「一個人的財務究竟要怎麼做才會安全？」於是我全力研究「財務安全」問題。1996年出版「投資，理財，多賺錢少付稅/不付稅」一書，1999 大修為「投資，避稅，保護財產」，2004 年紐約 Vantage Press，Inc.出版公司出版英文版「Investment, Tax-shelter & Assets Protection」告訴大家一個人財務安全的方法。

　　我說這些，只是要問大家一句「你移民美國時的條件比王定和差嗎？！」，再來就是告訴大家二十六年來，王定和不停的學！學！學！不但學，還要真的懂，懂了再寫出來，今天的王定和已經沒有慌恐、茫然、困惑和挫折感了，他對自己充滿了自信。

　　任何人在美國生活得愉快和不愉快絕不在於他是碩士或博士，也不在於他帶來的錢多和錢少，在於他真的「學」了多少和「懂」了多少，以及他對美國人和美國事瞭解多少？！

　　英諺說：「One ounce prevention better than a pound cure」一兩預防勝於一磅治療。

　　美國的政治、經濟、教育、思想、生活方式等等，完全與中國相反，一個要在美國生活的人，連「一兩預防」都不肯學，不想學，不願意學，甚至連眼睛都不睜開看看美國是怎麼一回事的人，他能不慌恐、茫然、困惑、挫折和沮喪嗎？！

　　很多碩士和博士不知道美國人會玩 Peter's Principle 的遊戲，一

旦中年，高薪被美國人玩這種遊戲趕出公司，突然之間會有「天下之大竟無我工作之處」的沮喪。

如果知道美國人會玩這種遊戲就應學「一兩預防」，一旦美國人玩 Peter's Principle 遊戲的時候才不會被困住！

揍不聽話的子女，對中國人來說是理所當然，對美國人來說，這是「Child Abuse 凌虐兒童」不夠資格為人父母，子女會被警察帶走交給社會監護人員。

一旦子女被警察帶走，做父母的能不慌恐、困惑、茫然和挫折嗎？！

如果知道美國人用「Ground 禁閉」罰子女在他自己的房內不准出來，等事過再講理，你的子女不可能被警察帶走！

朋友，學學「一兩預防」吧！

為什麼中國人那麼被動？

　　二十多年前看過一部電影「天生自由 BORN FREE」，是說一對英國生物學教授夫妻到非洲做研究。打獵的時候把母獅子打死，把剛出生的小獅子抱回家養，在家被養大的獅子就像貓狗一樣。

　　有一天這對夫婦要回英國，丈夫主張把獅子送到動物園，理由是「牠已經沒有野外求生的能力」，太太極力主張牠應該回到原野，丈夫順從太太的主張，把獅子送到家附近的原野，此時，一頭野豬衝撞獸中之王，獅子竟然不知野豬是何物，嚇得拚命的躲避⋯⋯。建議大家到錄影帶店把這部電影租來看幾遍，也許會從中得到啟示。

　　中國人是父母的財產，父母主控子女的一生，這叫做「君教臣死，臣不敢不死，父教子亡，子不敢不亡。」父母對兒女不是義務是責任，做兒女的什麼事都不要做，只要讀書就行了，在「只要讀書，不必動手」環境裡長大的孩子是身體長大，小腦成熟，大腦退化！

　　我們從六歲上小學到大學畢業，十六年教育是「老師說，學生聽和強記死背」，老師教一條狗加一條狗等於二條狗，如果試題問「一隻鳥加一隻鳥是幾隻鳥？」咱就不會答了，因為老師只教過「一條狗加一條狗」，沒教過一隻「鳥」加一隻「鳥」，中國的教育只能舉一背一和反一，不能舉一反三！

　　到社會謀生，私人機構是「老闆說，伙計聽」，伙計只執行老闆怎麼說，他就怎麼做。公民合營公司和政府機關要學會寫簽呈等批示。

　　從家庭，學校到社會都把人硬塞進一個使人「動彈」不得的框框裡，人人被動的生活著！

　　中國人唯一主動的是：買車，把 BENZ560「殺」到二千元一輛！

吃飯：專吃餐館螃蟹$4.95，黃魚$2.75……的特價菜，甚至進了麥當勞都想「殺價」一番！只要有「便宜」就主動沾。

美國這個社會從家庭，學校到社會都鼓勵人獨立自主：

美國人對兒女是義務不是財產，孩子在家學會自己的事自己做，要錢用得自己到大街上洗車、送報，問鄰居要不要割草。一個被寵壞的孩子英文叫 BRAT，大家很瞧他不起的！

學校鼓勵學生發問，老師出題，學生找答案回答，教育的目的是使人有知識以外，還要有自己的思想與見解。

到社會做事是「在其位謀其政而負其責」，超過其權限才向上級報告，人人主動的生活著。

現在大家都知道愛死病 AIDS 可怕，人壽保險公司對這種病更是恐懼，你知道嗎，全美國五十州有四十九州准許保險公司對投保人做愛死病檢驗，檢驗愛死病一項只要十元。加州是唯一不准保險公司對投保人做愛死病檢驗的州，加州對投保人做全套驗血，驗一次要一百五十元。

在加州，是正常人多還是同性戀多？但是同性戀是主動而團結，他們投票率之高，使任何競選公職的人不敢忽視他們！加州有二千七百萬人，是全美國人口最多的一州，少數同性戀者竟然能影響州法「不准保險公司只驗愛死病一項」，你就瞭解主動和團結的結果了。

許許多多的同胞就像「天生自由」這部影片的獅子──可以在家被養，一旦到草原自己謀生就傻眼，獅子為了學習「草原生活」而遍體是傷，最後終於再度成為獸中之王。

對中國人來說，美國就是草原──樣樣都跟我們不同。「天生自由」這部電影以我來看，正是為中國人而拍的，朋友，求你去租一部來看，看到覺悟為止。所謂覺悟就是跟獅子一樣，學！學！學！

學主動！

要在「美國企業草原」成「王」，就要全副精神投入學習「有福同享，有難同當」的集體智慧，絕對不是「有福『我』享，有難你們當！」更不是「人人為『我』，『我』還是為我！」

想在那種行業賺大錢，就要在那個「草原」裡全神痛下功夫學習和融會貫通，凡是 PARTTIME 去做的都是半調子，半調子是「江湖半把刀」，抽出來唬不住人的！美國需要的是「江湖一把劍」，「江湖一把劍」是全神貫注學來的，真有兩下子！

張三豐先生的太極拳打到爐火純青的境界，如果張三豐先生不天天勤練太極拳，而是到處看紫微斗數，看他家風水，批八字，所有最高段算命的人都告訴他「你有太極拳鼻祖的命」，他能成為太極拳鼻祖？才怪！

我，王定和來美國時四十二歲，帶的一千五百元美金是向現任紐約「世界日報」採訪主任陳鐵輝先生借的，政大教育系畢業的學歷以美國標準早被淘汰到阿比西尼亞去了！以這麼壞的條件來到美國的中國人裡，恐怕還不太容易找到幾個。

在美國，我一天大學也沒唸過！這十幾年來，我在車，賣人壽保險和賣土地的「草原」裡，都是以全副精神學習的，因此，我對「天生自由 BORN FREE」這部電影才有深刻的感受。

從痛苦到快樂好有一比：

不會開車，辦件事得求人帶，得以別人的時間方便，說不定還得看人臉色，痛苦！

下定決心學開車，學開車時緊張又汗流浹背！學會了，不論買新車還是舊車，自己要到那裡就到那裡，「門清不求，自摸」，HAPPY！

處處跟美國人反著幹，你怎會快樂？！

　　本旁觀者從中國拍的歷史連續劇中看到人治與專制政體之下培養的領導人物及官員們在個性與品格上的「壞」，這種壞個性與壞品格傳染給所有的中國人。如果你個性中有下例所說的「壞」，保証你在美國活得很苦！

表裡不一

　　你看到蔣中正的像，聽到他的名字，你心裡就罵「肏他媽！」當你看到他的時候，你得立正，振臂高呼「蔣總統萬歲」！台上「大」人提到「蔣總統」三個字，你站著要馬上立正，坐著要挺胸，你心裡罵，他看不見，表面上像「孫子」就行！

　　美國人不學這個！因為民主，所以美國人在汽車後面貼上「Vote the Son-of a Bush out！去投票讓那個狗娘養的布希（總統）下台。」

口是心非

　　蔣中正要反攻大陸回家鄉，台灣人只能跟著喊「反攻大陸」，絕對不敢跟政戰主任說：「大陸是你們丟掉的，你們外省人去打回來呀，你們打回去就回家鄉了嘛，叫我們台灣人去打，我們台灣人都離家鄉了嘛！」

　　美國領袖和官員有這樣的私慾而要大家為他的私慾而做，州議員，國會議員會立刻彈劾他，媒體也會大加撻伐他！如果企業領袖因私慾而傷及大眾利益，他就得面對國法坐牢！人與人之間也是用

合約來約束人的「口是心非！」

從不反省，情緒化反應

　　「大」人一生氣就對「小」人和「下」人開口就罵，動手就打，從來不問「小」人和「下」人為甚麼這麼做？更不會「行有不得反求諸己」，因此，中國人從「小」人變成「大」人一樣開口就罵，動手就打，不會反省！中國人指出中國人的缺點，那個中國人就是「王八旦」！美國人說中國人的缺點，他就是「種族歧視」！中國人治和專制政體是從「上」到「下」專培養用小腦直接反射情緒化的人民。

　　美國民主與法治政體是從「下」到「上」，「大」人生氣可以追究「小」人的責任予以懲罰，但絕不可以「打」！舉例：

　　父母是「大」人，兒女是「小」人，兒女惹父母生氣，父母罰兒女回他房間不准出來，英文是 "Ground"。父母生氣揍兒女就是「凌虐兒童 Child abuse」，不但父母犯法，兒女也會被社工人員帶走！

偷機取巧，撒謊欺騙

　　台灣小學生上課時，老師教「課外讀本」，督學一來，老師立刻教學生把課外讀本收起來，把正式教科書拿出來。老師教「偷機取巧，撒謊欺騙」，這些學生長大成人後成為台灣的「亂源」--選出來的總統也是胡來，亂來，瞎來甚至蠻來！李登輝如此，陳水扁也不例外。

美國的教育是老師傳授知識，每一位老師都可以決定自己的教材，至於學不學，學多少，那是學生自己的事，老師絕對不教「偷機取巧，撒謊欺騙」。任何美國人都知道偷機取巧，撒謊欺騙不被逮到是運氣，被逮到就得面對法律制裁。

尼克森總統說謊，成為「水門案」，面對國會彈劾只好自己辭職下台。

克靈頓總統在緋聞案中撒謊，雖沒有下台，但其面對法律受審也很尷尬。

妄自尊大

美國人壽保險公司的 General Agency 譯成中文是「一般代理」，在一州或一個城市中可以有一個，也可以有 20 個，50 個甚至 100 個。中國人得到這個一般代理就變成這家人壽保險公司的「總經理」了！不但行政人員得聽他的，就是靠自己本事賺錢的經紀 Agent 也得聽他的！真是他媽的（抱歉不用粗話不能反應出心中的氣憤）。

人壽保險經紀沒有薪水，要會賣人壽保險才能賺取佣金，經紀賺到錢，一般代理才能分到錢，因此，經紀是一般代理的搖錢樹，理應聽搖錢樹說什麼，但是他/她是總經理，所以經紀得聽他/她的，給他/她立正，結果優秀的經紀都離開他/她。（這種妄自尊大的人太多了，明明是分公司總理，硬把自己說成 XX 公司總經理，分明是車行的 Sales，也把自己說成 XX 經理）。

美國公司是不該下屬人員做的事，由經理來做，舉例：

電腦操作人員只管電腦操作，電腦紙送到辦公室，由辦公室經理 Office Manager 搬進庫房。

剛愎自用，不能任賢

中國歷史對劉邦的評語是「豁達大度，知人善使」，對項羽的評語是「剛愎自用，不能任賢」。但是在人治與專制政體之下教出來的人民是「剛愎自用，不能任賢」的人多如過江之鯽，而「豁達大度，知人善使」的人卻鳳毛麟角。

美國絕對不是人間天堂，只要你真的「行」，她也是「人間天堂」。如果你處處跟美國人反著幹，她也是「人間地獄」，你活得太苦！

用「對」大腦會快樂，用「錯」大腦會煩哪

2004 年 8 月 18 日星期三世界日報大陸影藝學（一）版標題是：
「馮小剛：導演不會寫劇本就受制於人。國產片最缺編劇人才」內
容說：「……，比如說我們需要拍商業片，有故事，需要有人能把故
事講得一波三折，中國有沒有這樣的編劇？老的少的都沒有！這是
制約中國商業電影發展很要命的環節，我們現在沒有這方面的人
才……」。

在人治與專制政體統治之下的「人」只能乖乖聽「大」人話，
照「大」人吩咐的去做，不可以有自己的思想，當然更不能有自己
的意見，絕對絕對不可以表現出你比「大」人「行」！因此中國人
從小就被訓練得小腦發達──旁門左道「行啊！」要用大腦創新就
「差啊！」而商業電影必須得用大腦創作才行，偏偏中國人小腦發
達！

如果有機會，你從洛杉磯市走 5 號公路往北，接 14 號公路北，
往 Palmdale, Lancaster，在 Palmdale 市之前有一個小鎮叫 Acton，從
Crown Valley Rd.（Acton）出去往東走約一里，你看到一家當地唯
一的小型超市，在超市的最後面有一家叫 Chinese Rest 的中餐館，
這個地點絕對說不上「好」字。你進去好好參觀，再跟邱老闆談談，
你就明白用大腦和用小腦有甚麼不同了！

三年前，這家店由吳先生經營，髒得每個月做不到五千元生意，
邱先生接手之後，花了三個月時間一點一滴的把這 28 個座位的小餐
館裡裡外外清得乾乾淨淨，廁所之清潔就別提了，你親自見過就知
道了。又花了一個月的時間自己買材料自己佈置，竟然像脫胎換骨

一樣，這小餐館變得清潔，雅緻。一進去沒有耗油味兒，桌上當然沒有黏黏的油漬，所有的餐具都是乾乾淨淨的。

邱先生的英文有限，但是他把每一位，每一家來餐館吃飯的客人用照像機照下來，把照片剪成蘋果，蝴蝶，恐龍等形狀貼在與人高度的牆上，讓食客覺得窩心。又拿出一部分客人給的小費買礦泉水，汽水送給等外賣的客人喝，客人的小費給得更大方。

這家小餐館一共只有三個人，邱先生和太太及一位墨西哥炒鍋，邱先生管餐廳及接電話外賣，邱太太在廚房洗碗打雜，每天平均做 4~5 百元生意，一星期做六天，要外買的人自己來拿，沒人送！

2004 年 8 月 19 日星期四世界日報美西要聞 B2 版頭條新聞標題：「家庭旅館，蒙市擬『驅逐出境』，副標題：部份華裔屋主把住家當旅館，超時停車，噪音擾人，經陳情舉報，市府將立法取締。」

這是屋主把自己的房子隔成 6~7 個房間，每個房間放 4~6 張床，每張床每天收$6~8 元租金或是每張床每個月收$175~350 元租金，把家當成家庭旅館。

這也是用大腦開源嘛，但是這種人用大腦只對自己有「利」，對公眾有「害」。因為人治與專制政體統治之下的人民不能有「品」，也不能有「格」，更不能是非，黑白，對錯分明，所以中國人怎麼對自己有「利」，就怎麼幹，不管別人死活！家庭旅館是對自己有「利」，但是使自己生活品質低下，也連帶使這一帶鄰居的生活品質也跟著差勁兒！

美國人在民主與法制政體之下長大成人，美國人活得有品有格，是非、黑白、對錯有公認標準，任何人為自己的「利」而害到別人，就會被大眾群起而攻之。家庭旅館正是有「利」於己而害到大眾，所以「……大批市民再度湧入議會廳，陳述屋主的非法行

徑……」。

　　邱先生用大腦使自己有「利」，但不會害到別人。經營家庭旅館的屋主也是用大腦使自己有「利」，但害到別人。當你用大腦經營你的生意時，你要想到有「利」自己，但不會害到別人！願與大家共勉。

Hang together 鐵定不死，

be-hung separately 鐵定完蛋！

2004 年 7 月 30 日星期五，世界日報美西要聞 B2 版「洛城新語」的標題是「華裔的投票率讓人羞愧」。

英文說：「一起吊死 Hang together 或各個被吊死 or be hung separately」，這意思是說團結一致，同舟共濟，不要被分開吊死！但在人治與專制政體之下教育出來的國民只知道「各個被吊死」沒有人懂「一起吊死」！因為：

凡是正常的中國男人都想當皇帝，因此，皇帝為了保護他的皇位不被任何人篡奪，他就用特務。特務直接效忠皇帝，是皇帝的鷹和犬，任何人對皇帝不滿，有牢騷、批評或是咒罵，就是對皇帝大不敬，這種人就得關起來，甚至砍頭，而特務人員為保皇帝萬歲，對於那批評或咒罵皇帝的人，他們就認為那是「反皇帝」，殺！要是革命，那就「寧可錯殺一百也不放過一個」。

春秋時代是中國人思想上的黃金時代，誰想講就可以開門授徒，所以有道家、墨家、法家、陰陽家、小說家、儒家等九流十家。秦滅六國後，讀書人聚在一起就批評秦始皇施政，特務告到秦始皇那裡，於是秦始皇下令焚書坑儒。清朝乾隆年間的文字獄使人莫名其妙的就被砍頭了。因為你「說」錯一句話，寫「錯」一句詩，這「錯」由特務認定你是反清的，你就被砍頭了！到了中華民國退守台灣，更有白色恐怖，台灣的名作家柏楊先生因為一幅大力水手的漫畫而被警備總部的特務認定是「反蔣介石」的人，不但對他刑求

凌辱，還關到綠島！

不但如此，中國的特務更發明「連坐法」，這連坐法真的很恐怖。如果你一個人反皇帝，你就是亂臣賊子，你全家人，全族人都會跟你一樣被砍頭。一位課員被特務人員認定他是反當權者的，他的股長，課長，處長等等長都會因為他下台的下台，挨揍的挨揍，被審問，被關，甚至被殺。這就是連坐法，台灣的孫立人將軍就是連坐法最好的証明。

你不滿當權者的施政，因而批評當權者，你認為當權者說的和做的不對，因而反對，你對官欺民，官貪瀆，官在其位而不謀其政而憤怒，因而口誅筆伐，或是高喊「打倒 XX 黨」，你就是「思想有問題」，就是不忠於領袖，這種人就得懲罰甚至消滅！

凡是因為「思想有問題」而被治安機關特務逮捕的人，他家人的命運也會跟著悽慘，他們不但被特務和警察看管，所有的親戚朋友也怕惹禍上身而遠離他們。他們找不到工作，即使找到工作，也因為警察到訪和盤問老闆而被老闆趕快把他們請走以免惹麻煩。

中國人被「有權力」的人欺壓得受不了而去官府抗議，這些人就是刁民，刁民觸犯「大」人的威嚴，領頭的那個人一定要除掉他！法輪功信徒包圍中南海靜坐抗議招致中共極力鎮壓就是最好的例子。

在人治與專制政體之下，皇帝和他養的官兵及特務都不准許人團結，因為只要一團結就會對官及皇帝造成威脅，所以中國人都是被「分開吊死的」，因此國父孫中山說：「中國人是一盤散沙」。

請仔細想想：

咱們中國人是不是從小就被大人教：「識時務者為俊傑」，「明哲

保身」，「遠離是非」，「在人屋簷下焉能不低頭」，「各掃門前雪，休管他人瓦上霜」，「多管閒事多吃屁」，「出頭先爛」……？每一句話都是教中國人「分開被吊死」！

美國黑人為爭取黑人的利益而團結，西班牙語系的西裔為爭西裔的利益而團結，猶太裔是少數又少數的民族，因團結而掌控美國的政治與財經，甚至同性戀都團結。對於這些團結的族裔和團體，從總統，國會議員到各州及地方官吏的選舉都不敢輕視他們的權益和聲音。中國人呢？2000 年擔任紐約市長的朱利安尼在競選市長的時候就說：「中國城沒幾票」！言下之意是「不要理他們！」

中國人怕政治，美國人為自己的權益必須加入政治，如果你們繼續給美國民選官員「沒有幾票」的印象，你們中國人的權益就沒人理！要美國民選議員和官吏「必須理」你們，你們中國人必須用投票先「理」他們。

任何搶匪敢搶韓國城的店家，所有的韓國人都出來打這個搶匪，也敢上法庭作證。因此黑人、白人，墨西哥人都不敢在韓國城搶劫！

當搶匪搶中國人的店時，所有的中國人都發揚「明哲保身」、「多一事不如少一事」、「各掃門前雪，休管他人瓦上霜」、「遠離是非」……的中華文化精神。也繼續讓搶匪得逞並欺負。愉快嗎？

記住：在美國「一起吊死 Hang together」絕對不會死，但「分開被吊死 be hung separately」是一定完蛋！

「半部《論語》治天下」是皇帝用來騙人的！

中國人說：「半部《論語》治天下」，從有《論語》以來，少說也有二千年了，不要說治天下了，就是中國到今天都治不好！難得有一位皇帝把中國治得好一點，結果也是「人亡政息」。在人治與專制政體之下，《論語》是一部皇帝用來騙人的書！

《論語》裡有一句「己所不欲勿施於人」，實際上是中國人發自內心形諸於外的是「己所不欲硬施於人」！

你看看：

2004 年 10 月 24 日星期日世界日報 A4 版「兩岸焦點」第二條新聞標題是「北京歡迎全體港議員，長毛除外」（長毛名叫梁國雄，對北京當局不假詞色），新聞內容說：「……羅豪才的談話顯示，北京當局對待最激烈批評態度的人們拒於千里之外……」。

中國人都知道，請全家人去赴宴，指明不要你去，請全班去參觀甚麼就不請你去，某國邀請世界各國去參加某種活動，就是不請中國去，這是很沒有面子的事，堂堂中國政府，竟然如此「己所不欲硬施於人」！

在人治與專制政體之下，中國人從上到下都是心胸狹窄，聞過則怒，於是挾恨報復，公報私仇，落井下石，甚至背後捅刀！完全違背「論語」所講的仁愛與忠恕之道。

「論語」一書中有句話說「……過則勿憚改……，事實是中國人聞過則大怒，不要說不准批評了，就是呼籲都不行！自己看不到

自己的「過」，又不准別人指出自己的「過」，所以中國人就不會「改過」！不信，你看：

2004 年 10 月 25 日星期一，世界日報 A9 版大陸新聞頭條新聞標題是「刊文籲政改，廣東兩雜誌遭整肅」，副標題是「中宣部副部長南下調查，『同舟共進』被迫改版，主編革職，『南風窗』常務副主編現已『賦閒』。」

同一天社論標題是「台灣的公務員為何這樣洩氣」，內容說：「……像中央選舉委員會本應是超然中立的機構，但新主委一上任，就把原來的秘書長蔡麗雪調走，由 14 等職降為 12 等職。其真正的理由是她敢說真話，敢守正理，敢對長官坦誠提建議，結果落得降職減薪的下場……」，請用大腦想一想：

泱泱大中國的領導人及官員對香港一位新科議員梁國雄先生的批判及雜誌的呼籲做得這麼小家子氣，而自稱自己是自由、民主、法治的國家，我看是「殃殃國」的台灣，其領導人及官員如此聽不得實話和諍言。這兩國人民會「己所不欲勿施於人？！」會「過則勿憚改？！」從現在兩國現實的政體情況看，「論語」根本上是一本廢書！

在「拳力統治」這種環境裡長大的人，可以胡搞、亂搞、瞎搞，愛怎麼搞就怎麼搞，可就是不能搞到「忘了自己是誰」去碰「權力」。「權力」有如不能輕觸的病痛，一旦輕輕一碰就會痛徹心肺。人，一痛徹心肺就會勃然大怒，大怒的時候必然沒有理智，於是誰「碰」誰就遭殃，很多人「碰」就用機槍和坦克車壓殺，接下來用情治人員對付，於是中國人進入無量階地獄。

按佛家「六道輪迴因果論」，一個人前生前世必定做了很大的孽，所以今生今世投胎為中國人；教咱嚐嚐「不是人」的滋味！

因此，今生今世，我，王定和謁盡所能的為善，以便在下次投胎時，千萬千萬不要生在任何「拳力統治」的國家，如蘇俄、中國、古巴、北韓等，而投在「權利治理」的國家，如美國、加拿大、西德等。阿彌陀佛。

人家美國人的「好」是怎麼來的？！

所有美國人的「好」，如待人以禮，有話明講，有冤有處訴，在其位要負其責，做事有計劃，把人當人看等都源於「權利（RIGHTS）治理」。

任何人的「權力」是大家同意通過賦予他，他以此「權力」為大家做事。一個人的「權力」不可以濫用的！濫用「權力」要負後果責任。

美國的軍人也要服從。如果小兵的長官命令小兵向手無寸鐵的老百姓開槍射殺，小兵可以拒不受命，因為這命令不道德，小兵因抗命受軍法審判時，也會被判無罪。

越南朱萊事件，是美軍一位連長下令射殺村民，結果此連長受軍法審判，越戰時，越南村民一樣射殺美軍，但美軍不可以屠村民。中共打越南時越南人從背後射殺中共士兵，於是中共下令只要攻佔一地，不論男女老幼一律格殺！

如果我們希望在美國生活得快樂，我們應該瞭解所有「拳力統治」教出來的「壞」都不容於美國社會。敬請各位三思。

眼看，大腦想，知道現在「果」，必有開始「因」

2004 年 11 月 30 日世界日報 B5 版半頁「為台灣政治亂象呼籲海內外同胞一致譴責」的廣告，呼籲譴責別人的先決條件是自己說得「正」，行得「正」，做得「正」。如果自己說得「歪」，行得「歪」，做得也「歪」，有甚麼資格呼籲譴責別人的「歪」？！因為人治與專制政體就是培養「我」最大，因此「我可以，你不可以」，咦，你也可以這樣，我就譴責！

話說 1894 年，清朝水師被日本海軍打敗而訂下馬關條約把台灣割讓給日本，直到 1945 年二次世界大戰日本無條件投降，台灣歸還給中國止，日本統治台灣 50 年。日本人用專制「統」台灣人，但用法「治理」台灣人──人人都得守法，因此台灣社會的政治與治安不亂。

1949 年蔣中正帶了 60 萬大軍及少數公教人員從大陸撤退到台灣，實行的是「人治與專制」。人治與專制就是「一朝天子一朝臣」，皇帝做得再好，只要一死就「人亡政息」了。因為人治，所以是「伴君如伴虎」。只要得到皇帝或「大」人的恩寵就是得到「權力」，因此就「一人得道雞犬升天」。紅樓夢書裡說得最好「一榮俱榮，一損俱損」。

因為蔣中正一榮，所有的外省人俱榮。俱榮的外省人是很看不起台灣人的。這是族群的「裂因」，往後台灣的工商業好轉，徵人廣告就說「限台籍」，不要外省人！

1949 年台灣人看到的是外省人像水銀瀉地一樣無孔不入的把中國人的胡來，亂來，瞎來甚至蠻來帶進台灣，壓得守法的台灣人

只能有民淚、民冤和民憤，敢怒而不敢言。後來孫運璿、李國鼎、俞國華、趙耀東等先生們為台灣做出來的「好」跟外省人帶進台灣的「壞」沒有辦法相提並論！

人治與專制政體專門壓製「量小非君子，無毒不丈夫」和「君子報仇十年不晚」的人。而李登輝先生就是典型的這種人。

我年輕時，眼看著外省人胡來、亂來，甚至蠻來，我沒辦法阻止，悲憤哪！我最恨被人看不起，外省人就是看不起台灣人，嘔啊！我當了副總統，面對蔣經國總統，我的屁股只敢坐椅子的三分之一，自貶的滋味兒不好受！那些黨國大老不但不把我這副總統放在眼裡，還編個寧波國語「你等會」的笑話來挖苦和揶揄我，心裡憋氣啊！等著，老子會報仇的！

現在老子大權在握了吧！我李登輝一榮就讓所有的台灣人俱榮。把你們外省人統統掃到「一損俱損」的境地，老子六次修憲，修得老子就是皇帝，要怎樣就怎樣，沒有任何「法」可以管老子！

陳水扁先生是中國典型的「一人得道雞犬升天」。他已經擺出我是總統，你嘜貝安咋？！（台灣話「你要怎樣？！」）的架式。也就是告訴反對者，老子愛怎樣就怎樣，屌都不甩你們！也沒有任何「法」可以管老子！我的內閣就是挺我的「雞犬」人士組成的，一個「雞犬」人士組成的內閣，你期望他們說得「正」？行得「正」？做得「正」？愛因斯坦大科學家說：「德國人選出希特勒，德國人要負責任！」

連戰和宋楚瑜兩位先生好像都有美國大學的政治博士學位，回到台灣趕上「一榮俱榮」，現在是處於「一損俱損」的境地，於是就成了「我可以，你不可以」的政治「搏」士了！

　　把黨主席的位子讓給馬英九吧，因為馬英九先生在人民的心中是一位說得「正」，行得「正」和做得「正」的君子。你聽說「邪不勝正」這句話嗎？

　　如果天意不讓陳水扁先生把台灣搞垮，馬英九先生是唯一上天賜給台灣人的拯救者。在 2008 年之前陳水扁總統及其「雞犬」人士組成的內閣，因為惡搞而把台灣搞完蛋，那就是「台灣人要負所有的責任！」

　　本旁觀者看今天台灣的政治亂象是「果」，亂「因」是蔣中正獨夫，中國中央電視台拍了一部 59 集的電視劇，名叫「走向共和」，你看看這部電視劇，你就知道「人治與專制」有多壞了！蔣中正就是「人治與專制」！

　　民進黨今天這麼壞，100%是國民黨教出來的！李登輝，陳水扁這樣的台灣人這麼壞，100%是外省人教出來的！別不信因果報應啊！

人的「命運」是好是壞，決定於他的所做所為

　　2004 年 11 月 24 日到 12 月 4 日世界周刊內 20~22 頁標題是「雞年運程書籍大行其道，2005 年吉凶福禍報你知」，從這篇報導中，我知道不少生活在美國的中國人其文化素養與文明素質仍停留在「封建迷」的階段，因此會去買運程書，根據運程書來指導自己的行事。如果你想知道你自己的「命」和「運」在今後的日子是好是壞，你應仔細研讀下列幾本書。

　　Brian L. Weiss 醫學博士畢業於美國耶魯大學醫學院，現在是美國有名的精神病科醫生，在他用催眠法為病人診療其精神病時，他發現人有輪迴，輪迴就是人死以後其靈魂會再投胎，所以他寫了第一本「前世今生」和第二本「生命輪迴」，根據科學證明人有輪迴。

　　台灣東吳大學會計系畢業的通靈人伶姬女士所寫的「如來的小百合」一書中說「人生下來就像飛機裡有黑盒子一樣，自動記錄一個人今生今世他所做的一切善和惡。在這黑盒子中有三捲錄影帶，第一捲是前生前世帶來的善緣和惡報，第二捲錄影帶是一個人這一生的所做所為自動記錄，第三捲錄影帶是這個人這一生所做的善和惡影響自己的命運是好是壞之外，也做為來生投胎命好和命壞，運好和運壞的根據。」

　　你再到廟裡要一本「袁了凡四訓」，袁了凡是明朝人，算命的算他一年吃幾擔幾斗幾升米，官做到甚麼階位就停，升不上去，命中無子，那年那月死都算得很準。這是第一捲錄影帶，命中註定，不能更改。

　　在他將死之前，他到廟裡看見和尚打坐，他也跟著打坐，很長一段時間，和尚稱讚他有定力。他告訴和尚算命的算得準，他只是等死而已，和尚笑了，和尚告訴他「任何人的命運是可以因積德行善而改變的」。於是袁了凡開始大做善事，錄在第二捲錄影帶中，因為積德行善，袁了凡的官位升了，也有了二個兒子，活到九十幾歲才死，這是第三捲錄影帶，因此袁了凡寫下「袁了凡四訓」。當你仔細讀完這幾本書，你就知道「運程書籍」跟你的「命」和「運」沒有關連！

　　跟你命運有關的是「因果」，Weiss 醫生在他第二本「生命輪迴」，第二章催眠與回溯法中說：『……在接受催眠的時候，我的許多病患曾回想出不同的創傷類型，這些類型一世一世不斷的重演，包括父女之間的凌虐關係，或是前世的霸道丈夫今生化為施暴的父親，另外一對常拿刀弄槍動粗的夫妻發現他們前四世互相殘殺……』。

　　如果不想在來生再過「家庭不和」的生活，你今生要學會「原諒和寬恕」，在死時，心中沒有恨，你才能告訴神「人家虧欠我的不要了，我原諒他們，我給人家的，算了，不要求回報」。來生來世，你一定會有和諧的生活。

　　在伶姬女士所寫的 5 本通靈因果書中，說明前世種的惡因，如前生是無品無德的醫生，今生今世非常難賺到錢，前生墮胎不要小孩，今生就難懷孕，前生惡意傷人手、腿以致人內傷今生就有手疼、腿痛和體內莫明疼痛的病症，這是因果病，不論多好的醫生都難為你治好，遺憾的是很多人不信因果！

　　朋友，不論你在那一個國家生活，要「命好」就得心存善念，時時行善。要在美國這個國家生活得「運好」就得靠知識與經驗，缺乏知識而想在美國「運好」去買「運程書籍」那是自己騙自己！

　　所有算命的，看風水的及運程書籍都說：「你的『命運』好到不能再好，因為耶穌在你家前門，釋迦摩尼在你家後門，財神爺在你家客廳。肯定你是一個心中有善並時時都在行善不求回報的人。如果你天天都想怎麼著坑、矇、拐、騙、你想神佛會保佑你「命運」好嗎？祂們早走啦！你的「命運」不會好的！」

　　你在美國謀生，卻對美國人和美國事無知，你的「運」會好嗎？！大家在美國謀生不易，從下期開始，我連續為大家講講如何用小錢賺大錢的知識，有了這方面的知識，你的「財運」才會好。

如何用小錢賺大錢？答案是知識不是常識

在美國，賺錢要付稅，花錢要付稅，存錢也要付稅，死了還得付稅。因此「稅」使我們沒有辦法存足夠的退休養老金。要是把「稅」去掉，就是小錢也能變成大錢，但你必須要有這方面的知識。

在投資方面來說，中國人很喜歡投資房地產，認為房地產可以賺大錢。1984 年你在舊金山日落區花$150,000 買一棟房子，2004 年你賣了$650,000，賺 300%。1950 年北加州 Fremont 市的 Mission San Jose 學區內 950 尺的小房子只要$10,000，2004 年賣$650,000，賺 6,400%！事實上房地產的投資不會超過 8%。

按照經濟學 Rule of 72 的公式計算，即 72 除以百分之幾的利息等於你的錢或房地產多少年增值一倍。72 除 8%的利息=9 年一倍：

1984 年房子$150,000，1993 年$300,000，2002 年$600,000，2004 年$650,000，這是自住，20 年從賺的錢裡減掉房地稅貸款，售屋佣金，實際賺的低於 8%，如果出租，那就是 Income Property，賺了錢付的稅就更高了，稅高了賺錢的百分比就低了！

1950 年房子$10,000，1959 年$20,000，1968 年$40,000，1977 年$80,000，1986 年$160,000，1995 年$320,000，2004 年$640,000，夫妻住滿二年有 50 萬可以免稅，再加本錢$10,000 共$510,000 免稅，再減 4%售屋佣金$26,000 還有$114,000 要付稅，投資回報還是低於 8%，你$650,000 買的房子要每年賺 8%就難囉！記住，房子是銀行的，付清才是你的。

很少中國人知道 S&P500，這是指美國 500 家大公司的市值（Market Value），市值指的是公司有形的資產如大樓，工廠等和無

形的資產如公司的名字，專利權和產品等，從 1984 到 2003 這 20
年投資在 S&P500 的平均回報率是每年 10%，從 1976 到 2003 這 27
年投資平均回報率是每年 12.34%。

凡是領薪水的人，每個月一日從老闆手上拿到支票$1,500 吧，
先付給自己 10%即$150，月中又拿到一張$1,500 元的支票，再付 10%
即$150 給自己，共$300 元，這$300 投資在 Equity Index Annuity（簡
稱 EIA），EIA 只投資在 S&P500 上，它的優點是：只賺不賠，有保
障，賺錢延後付稅（Tax Defer），抗通貨膨脹，沒有行政費，這是
大家都喜歡最新的賺錢避稅工具。也是小錢變大錢的工具。

從 30 歲到 65 歲，你每個月存入 EIA$300 元，每年平均回報以
8%計算，到 65 歲時，你存入 EIA 中的本錢是$126,000，加上利，
你的 EIA 中有$646,906 元，這錢結結實實是你自己的！

按照你現在的年齡，下面給你一個投資的參考：

你把錢存入年金裡，賺出來的錢可以延後付稅，到 59 歲半拿錢
的時候才有稅。EIA 年金最多可以存入$500,000 元。

35 歲	45 歲	55 歲
一次存入$10,000	一次存入$20,000	一次存入$100,000
以後每個月存$300	$400	$300
一共存 30 年	20 年	10 年
S&P500 每年平均回報 12%	12%	12%
付稅率 0%	0%	0%
65 歲你帳戶內有$1,407,986	$613,553	$399,050

　　年金很有彈性，有錢就存，沒錢可以不存，今年有一萬存一萬，有二萬存二萬，或是每個月存，這個月存，下個月存，再下個月不想存，可以不存，你想甚麼時候存就存，不想存就不存。

房地產上賺錢靠知識，不是常識！

有一棟房子要賣 25 萬，你找一位房地產經紀幫你出價（Make Offer）去買，誰都會！要在房地產上賺到錢，你得有知識：

甚麼是 Foreclosure（銀行收回）？

買房子的人因病、被裁員、離婚、經商失敗等原因而每個月付不出房子貸款的本和利息，貸款給他的銀行或金融機構就會對他發出違約通知（Notice of Default），通常 4 個月就會把房子收回交由法院拍賣。

你應該在房地產跌到谷底的時候像 1995 到 1999 時進場，那時候房子拍賣也沒人買，你有錢可以跟銀行議價。凡是法院拍賣不掉的房子就還給原主銀行，Lender, HUD, VA 等，原主就會賤價出售，這時你再去買，舉例：

Condo 房子的市價是$120,000，屋主付不出錢被銀行收回，但屋子被屋主住得又破又髒，因此沒人買，法院退回給銀行，這時你出價$87,000，10%頭款，45 天完成過戶手續（Close Escrow），銀行賣了，當天進 Escrow（公証公司），你立刻找建商來修，建商要五千，不要小氣，給他！請他快修，修好了，你向銀行借房子市價 90% 的 HELOC（Home Equity Line of Credit）即$108,000，$108,000 減 $87,000 買價再減$2,000Closing Cost 再減$5,000 修理費等於$14,000 進你口袋。這 Condo 每個月出租$950 減每個月貸款本和利$373 再減房地稅$73 再減火險$25 再減社區管理費$95 還有$384 淨賺，$384

乘 12 個月等於每年淨賺\$4,608。這就是 0 頭款（英文是 Zero Down）。
買房子不但不要付頭款還可以拿錢回來，以後每個月還有收入！

甚麼是　Hi-Lo-Roll？

　　一棟房子在市場上太久沒人買，表示這棟房子有問題，你找一
位新近做房地產的經紀專門幫你找這樣的房子。舉例：

　　有一棟房子在好學區，是中產階級想要也負擔得起的房子，房
子市價是\$150,000，屋主要這個價，但在市場上放了六個月賣不掉。
你的經紀告訴你，這房子一進門就臭得要死，地毯也破，內外都該
油漆，建商估價六千。你讓你的經紀出價\$130,000，屋主急於出售
這房子來解決他自己的問題，所以賣了。這時你要求賣主先幫你付
\$6,000 頭款，等你貸款下來了再還他，同時要他付 Closing Cost。這
時你要 Seller 在購屋合約上以\$145,000 買這房子，實際價格是
\$130,000，多出\$15,000 銀行款貸下來以後還給賣方\$6,000 再減
\$6,000 修理費，你還有\$3,000 賺，這種情況英文叫 Hi-Lo-Roll。

　　土地投資是高風險，甚麼樣的土地才能買？如果下列 10 項都是
Yes

1. 可用而平坦的土地。
2. 充足的水源。
3. 要靠近大都市。
4. 有便利的交通網。
5. 有都市計劃。
6. 有公共設施及預算。
7. 目前和將來的學校。

8. 現在和計劃中的工業設施。

9. 現在和計劃中的商業設施。

10. 人口增長。

接下來要知道土地依使用情況而價值不同：（1 最便宜 6 最貴）

1. 農業地 Agricultual；這種土地通常每 10 畝准許建一棟房子。

2. 單一住宅 Single Family 是每六千尺准許建一棟房子，一畝地可以建六棟。R7000 是每七千尺准建一棟房子，一畝建 5 棟等等，你去市政府查你要買的土地是甚麼 Zoning？

3. 集合住宅 Multi Family；可以建公寓，共渡 Condominium，Town House。

4. 工業地 Industrial；分輕工業重工業，M-1 是輕工業，M-2 是重工業。

5. 辦公樓 Office；建辦公大樓。

6. 商業地 Retail；可以建 Shopping Center、旅館、汽車旅館、汽車經銷商等各種零售店。

要明白：

銀樓花$400 買一兩黃金，做成 10 個戒指，每個戒指賣$150，這個戒指能賺大錢嗎？土地也是這樣，一個大買主花 20 萬買 40 畝地，分割成一畝一個 Lot，每個 Lot（戒指）賣給你$20,000，這種小地建築商和發展商是沒有興趣買的！

　　如果你有足夠的財力，要在這 10 項都是 Yes 的新發展區內買 10 畝，20 畝或 30 畝大地，Zoned R-7000，有水，有電，有路，有電話，瓦斯和 Sewer（下水道），每畝建 5 棟房，你買 10 畝，付 50 萬，立刻付 10 萬給土木工程師，請他做成 Tentative Map，送進市政府，批准了，每個 Lot 可以賣給發展商$25,000 到$30,000，50 個 Lot 賣 125 萬到 150 萬。

　　要在房地產上賺到錢，一定得有這方面的知識，靠常識最多只能賺 8%以下！

為子女投人壽保險保障他（她）一輩子

2005 年 1 月 23 日舊金山灣區世界日報「美西新聞」頭條新聞，標題是「陳彥心告別式溫馨感人，華裔高中生日前車禍不幸喪生，親友師生數百人默默送她最後一程。」

常言說：「黃泉道上無老少」。在子女生長的過程中，我們不知道甚麼時候「禍事」會降到我們子女身上。因此，我女兒一出生，我就為她買了 10 萬元人壽保險。現在最好的人壽保險是 Equity Index Universal Life（簡稱 EIUL）。

現在她長大了，如果 10 萬元人壽保險她認為不夠，只要通過體檢就可以把 10 萬元壽險增加到 20 或 30 甚至 50 或 100 萬，老了不需要這麼多的人壽保險也可以降為 10 或 20 萬。在同一張保單內加或減就行。

我也給她買了附帶的 Wavier of Premium（簡稱 W.P.），那就是萬一她因病或傷以致終身沒辦法工作，沒有收入時，她的保費由保險公司負擔，她仍有壽險。再為她買\$25,000Guarantee Insurability Rider（簡稱 G.I.R.，每家保險公司規定不同）。就是萬一她因病或傷殘障以後，保險公司就不再賣壽險給她了。但從小我給她買了 G.I.R.，所以到她 22 歲到 42 歲，每隔 3 年都可以要保險公司加保 \$25,000 壽險，保險公司不能拒絕（每家保險公司規定不同），保費由保險公司付。

如果陳彥心是獨生女，父母早早為她投保 10 萬元壽險，她的父母現在可以拿到 10 萬元理賠，受益人拿到這 10 萬元不付收入稅。把 10 萬元存入 Equity Index Annuity（簡稱 E.I.A.）投資在 S&P500 上。

假定每年平均回報以 8% 計，每 9 年增值一倍。20 年就是 40 多萬，做為女兒孝順父母的退休養老費用。父母有錢，就把這 40 多萬做為「陳彥心教育基金」。如果陳彥心有弟妹，也可以做為弟姐的大學教育金，甚至改善家庭的經濟困境。

為你的子或女投 $100,000 元人壽保險（即死亡理賠），每個月為他（她）存入（Equity Index Universal Life EIUL），保單內 $100 元足夠了，順帶買 W.P. 和 G.I.R.，這是保障孩子的一生，到孩子長大成人（25 歲），把保單送給他，很對得起子女了！

保險經紀教你為你的子女投 20 萬或 30 萬人壽保險，那是保險經紀 100% 為他的佣金設想，因為：

你的兒子 4 歲，投 10 萬 EIUL 人壽保險，每一年最多存入保單內 $1,500 元，假定保險公司按照 $260 元 Target 付給 Agent 50% 佣金即 $130 元，這 $130 只拿一年，第二年就沒了，Agent 教你為你兒子投保 20 萬，他拿 $260 元，投保 30 萬他拿 $390 元。

你想：一個 4 歲的孩子，有甚麼是需要他保障的？要 20 萬或 30 萬那麼高的人壽保險幹甚麼？！你明白這一點就不要上保險經紀的當！

再來：保險經紀教你買有 Cash Value 的 Whole Life 人壽保險，同樣你兒子 4 歲，買 10 萬人壽險，如果每個月固定不變的存入保單內 $50 元，一年 $600 元，保險經紀第一年拿 $600 元的 50% 或 55% 即 $300~$330 元，第二年拿 $600 元的 18% 即 108 元，第三年拿 $600 元的 12% 即 $72 元，三年拿了 $480~$510 元。前 3 年保單內的 Cash Value 都是 0！

你明白為甚麼保險經紀拼命說 Whole Life 好了吧！？

至於保險經紀告訴你「你給你的子女投 Whole Life 人壽保險來

為他們存大學教育費」，那更是胡說八道！

THE NEW LIFE INSURANCE INVESTMENT ADVISOR 一書的作者 Ben G. Baldwin 先生在書中第 40 頁說：「whole life 投資在長期公債和房屋貸款所收的利息，過去 66 年的平均回報率大約是 5%，投資在那些短期、高品質的投資，過去 66 年的平均回報率低於 4%。你要從 Whole Life 這麼低的投資回報率中再拿一部份錢去付保費嗎？如果你的回答是 Yes，那麼你就得牢牢的盯好這家保險公司。(then you next zero in on Company)。」

你想想：

Whole Life 的投資回報率只有 5%或 5.5%，而大學學費一年漲 7%，就算你存$150 元，一年$1,800 元，14 年以後保單裡的那點錢不夠上一個月大學的學雜費！可是保險經紀賺足了佣金！再來你問保險經紀「從 Whole Life 保單裡能借出多少錢？從保單裡借錢這份保單會怎麼樣？」你看他（她）怎麼回答。

記住：

Whole Life 對保險公司和保險公司的經紀（Agent）有「利」。Universal Life 也是對保險公司有利。Equity Index Universal Life（簡稱 EIUL）對你有「利」。

談談題內，也是題外話（瞭解美國人）

（這篇文章是 1972 年寫的，2006 年讀讀也沒過時！）

　　不少青年朋友努力的學美文、美語。學美文、美語的目的究竟何在？我想主要的目的還是要跟老美打交道；要去美國留學或是要在老美開的公司裡做事賺高薪或要與老美做生意等等，但是，你學了這麼久的美文、美語，你對老美的想法，以及所做、所為究竟瞭解多少？如果你回答說瞭解不多，朋友，說一句洩氣話，就算你英文說得跟邱吉爾一樣棒，你也跟老美談不到一塊兒去。同樣的，一個老美的國語說得跟電視記者一樣呱呱叫，可是他不瞭解中國人的想法、做法以及習慣法，他也很難跟我們談到一起。為了這個緣故，我也希望在這兒跟各位年輕朋友談談美國人的想法，做事的態度，以及習慣，並做一個對比，幫助各位瞭解美國人，一旦跟美國人有交往時，增加成功的機會。

關係

　　老美只有在政治上才有關係，這種關係叫做 BROTHER SYSTEM。像故甘迺迪總統，在當了總統以後，把他的幾個兄弟都提拔上來，就叫做 BROTHER SYSTEM。除此以外，各憑本事競爭，根本不攀什麼親戚、主從、上下等等關係。

　　因為大家不講關係，所以老美做起事來規矩得多，而且麻煩也少。

為什麼美國人不講關係？

當英國清教徒坐著「五月花」號輪船抵達美國的普里茅斯之後，他們第一個面臨的問題是要面對現實。在這個新的地方，新的環境裡生存下去。為求生存，他們就得奮鬥。因為地方大，一個人跟一家人奮鬥都是不夠的，因此發揮了高度守望相助，互相幫忙的精神。這也是後來美國人對陌生者很友善，給予幫助的本源。為了不願意被英國人壓迫，就得與英軍作戰，打敗英軍獨立。為了理想，他們向南部再向西部開墾、移民，跟印地安人爭奪土地，引起戰爭。在在都要努力，奮鬥和犧牲。也因此，養成了他們奮鬥的精神。

當美國人提出自由、平等、博愛的口號，推翻了英國人的統治獨立以後，立刻提出民有、民治、民享的主張。為了維護爭來的自由，美國人實行了民主自由的制度，在自由民主制度之下，尊重個人的信仰、言論和行動自由。因為自由，所以准許人民批評政府的措施，准許大家自由競爭，准許發明創造。因為民主，父母也得聽聽孩子們的意見，因為社會准許有本事的人出頭，所以父母要鼓勵自己的子女參加競爭，要參加競爭就要有獨立自主和奮鬥的精神。也因此，兒女在長大以後，以依賴父母為可恥，所以在美國把一個不能獨立自主，依賴父母的人叫做 Mom's boy 這是一個很大的輕蔑。因而在美國，做父母的人從小就鼓勵子女獨立自主。為了維護民主制度，子女從小在家裡就有發表自己意見及主張的自由。因此，美國的青年人不知天高地厚，處處要冒險，比刺激（賽車、賽船等），有衝勁兒，有創造力，也有朝氣，這也是造成美國富強康樂的原始動力。所以在美國是各憑本事競爭，是立足點平等的競爭。換句話說，誰行誰就出頭，在這樣的社會裡，「關係」也者，有什麼用呢？

66

　　我們常說因為美國人沒有關係，社會現實、冷酷，沒有我們人情味濃，這是事實。但是，有一點，老美雖然不講關係，可是人家有服務的觀念。隨便你到那裡，詢問臺的小姐馬上起立，笑臉相迎，問你：「有什麼事要為你效勞嗎？」只要你有疑問問到人家，大多數老美會很熱情的，甚至不厭其煩的跟你解釋清楚。他們出自內心的微笑，誠懇的回答，不會使一個需要幫助的陌生人感到不自在，或是失去張口求助的勇氣。我們的人情味很濃，但是我們的人情味只限於「有關係的」或是「打過招呼的」的人，這樣的人情味，往往連法律、規範都受到人情味的左右。各位有沒有這樣的經驗？當你到一個地方去辦事，你一個人都不認識，你希望能得到幫助，不是沒有人理你，就是你一問，他就說：「不知道！」「不曉得！」「你問他！」「我又不是不給你看著他的，他什麼時候回來，我怎麼知道？」「等會再來。」「你真囉唆，討厭死了！」絕少有人主動的問你要不要幫忙，或是給你熱情的解釋及耐煩的指引。我們的社會對於一個沒有關係的人，沒有打過招呼的陌生人來說，是更現實，更冷，更無情的，你說呢？

　　美國人的孩子長大了就都走了，他們的老年人沒有天倫之樂，晚景淒涼，這也是事實，但是他們的父母把子女養大了就是盡了責，日後是他們的天下，讓子女為他們自己的家而努力。父母有不從中干預的觀念，而且社會有良好的救濟制度，有養老制度。多數的老夫妻，在老年的時候相偕遊歷遊歷美國或是世界各地走走，也不是完全沒有好處吧？工業社會講的不就是小家庭制嗎？

　　我們有天倫之樂？兒女長大了要結婚，父母要管，好像是雙方家長要結婚，不是我們要結婚！結婚以後要養太太、養兒女、還要養父母。孝順的兒女還得秉承父母的意思，自己教訓兒女時，爺爺

奶奶要出面干預，婆媳之間為小事嘔氣，兒子夾在中間左右為難。如果父母有病，自己當盡賣光，舉債來為父母醫病，置妻子兒女於衣不蔽體，食不裹腹的境地，於是大家說他是孝子，既然他是孝子，是國家給他五萬十萬呢？還是誰養他的妻兒？我想，由於社會的進步，教育水準的提高，如果上一代的觀念不變，會使得「代溝」愈來愈深，如果我們不能接受這個事實，天倫之樂也者，實在也樂不到哪裡去，你說呢？

老美的官是公僕，這是因為英國人在地方上由大家出錢僱人替這個地方上的人做事。英國早期移民到美國的人，也是這樣，所以他們的官是拿大家的錢（人民繳稅），做大家的事。因此，老美認為「官是替大家服務的」，官自己也認為「我是替大家服務的」。既然大家都有這種觀念，「關係」就很難建立。只要我一切合法，按照規矩來，你當官的就得好好服務，所以美國的官，對美國人來說，實在沒有什麼了不起。一旦你見了美國的官，只要你認為自己都對，朋友，挺直了腰桿跟他說話，眼睛跟他平視，而且平起平坐。要是沒說話先九十度躬一鞠，雙手送上一支煙，他準保看你不起！對美國人千萬別來這一套！

平等競爭

美國人的社會對美國人來說是立足點的平等，也就是說，只要你花的勞力愈大，時間愈多，你得的代價就應該愈大。比如說，小學裡的老師有博士、碩士、學士、師範畢業的老師，做的都是教書的工作，但是博士的薪水比碩士高，碩士的薪水比學士高，學士的薪水比師範畢業的老師高，絕不是青紅皂白不分，薪水一

律一樣。

因為立足點平等，所以大家各憑聰明才智競爭，因而人人都有「優勝劣敗」的觀念。因此，只要你有本事，憑誠實賺美國人的錢，盡可帶走；只要你有本事發明出東西來，盡可申請專利；只要你有本事追得上美國女人，你盡可跟她結婚，絕少有人用「衛生眼」看你，只要你憑本事贏球，老美就鼓掌為你叫好。這種氣度，坦白的說是立足點平等、公平競爭培養出來的，也因此，老美做起事來不肯投機取巧，他知道投機取巧永遠不會有成功的一天。

既然社會准許平等競爭，所以美國人是以進為進，不是以退為進，這一點請各位朋友注意。

自古以來任何動物都是「優勝劣敗」，「弱肉強食」，「適應環境者生，不適應環境者亡」。人又何嘗不是如此？因此在一個社會中，若是用「權」來保護不優良的後代，用「關係」把不好的變好，把不行的變行。這種情形傷害了全體國民的身心，最明顯的是青年人對國家的事不感興趣，青年人學會投機取巧，走「捷徑」，不正幹，青年人一走了之，在別人的國家或出人頭地，或終身打工流落異域。

我跟美國人相處七年了，我沒有聽見過他們開口問過一句：「有沒有什麼路子可以走？」「有沒有什麼門路可以鑽？」這一類的話，而我們有多少青年人開口「門路」，閉口「辦法」，社會沒有公平競爭，真是害人哪！朋友，你說呢？

公私分明

老美之所以公私分明，是基於他們從小就培養出來權利義務觀念，一個人有多大權力盡多大義務，他們明白得很清楚，所以一個

69

老美在辦事的時候，除了權力範圍以外的事，是不會層層請示的。此外，老美有良好的制度，任何人都得隨制度走。保羅來了是這麼做，彼德來了也是這麼做，瑪麗來了還是這麼做！絕不是保羅是保羅的一套，彼德來了又是彼德的一套，瑪麗來了，又有瑪麗自己的一套。因為老美知道權力義務，因為民主，所以要自尊尊人，加上良好的制度，公私之間於焉分明

人人都有被尊重的慾望，當人被人看時，很少有人會亂來的。可是當人不被看重，不能有自己的主張與決定時，當人不被人當人看，只是一個轉達「意見」的中間人時，一個人是不會有責任感、榮譽心的。如果多數人有：「我說了也不作數，我幹什麼要負責！」簽上去，上頭怎麼批，就怎麼辦。這種作法，受害的又是大眾。我看見過一張公文上大大小小的印不下二十幾個，這充分表現了不負責的幹法。一個人蓋章不行嗎？

你不願意負責，我也不願意負責，於是等因奉此，層層請示，結果是整個辦公室的人好像都在做事，好像都不在做事，好像都在負責，好像都不在負責。於是積壓公文，公文旅行，做起事來，你推我，我推你，成了慣例。辦起事來手續繁多，這是準備萬一出事，大家有責的幹法。這樣做，當頭的人固然可以滿足權力的慾望，但是成堆等著批閱的公文，也能活活把人累死。採分層負責制，誰有多大的權力，誰說多大的 O.K.，辦錯了，後果責任自己負！因為枉法而辦錯，那受的責罰就更大！人人有權決定他所承辦的事，人人可以表達他自己的主見和主張，人人遵從一定的制度去做，請問這樣做有什麼不好嗎？

相信別人

老美先相信每一個人的話與人格，如果一個人被證明是壞人，有證據證明他做了壞事或欺騙了大家，那麼這個人的信譽就會遭到社會大眾的唾棄。因此，當一個人被認為說謊時，那是極大的不名譽。所以英文裡說：You lie！是很大的侮辱。

美國軍法裡有一條不名譽退伍的判決，不名譽退伍既不需坐牢，也不要坐禁閉。但是，凡是被判不名譽退伍的人，他的一輩子就完蛋了，在美國的社會裡，他什麼權利都沒有，走到那兒都受人白眼。

一個人從小受父母、受社會大眾的尊重與信任，一旦長大了，想去做壞事而又付諸行動的人，究竟是少數。但是從小在家裡一說實話就挨揍，長大了社會又不信任大家，被立法的人先認定是壞人，然後再立法圍堵，因而使人有：「說實話不如說謊話」的感覺。當人有了這種感覺時，榮譽的心就會大減。因此，睜著兩個大眼說瞎話的人真是太多了。立法的人又針對圍堵，被圍堵的人就得想盡辦法再說謊，於是惡性循環，養成大家撒謊臉不紅的習慣。

錢的觀念

美國是一個工商立國的國家，一個以工商立國的國家講的就是錢。既然講的是錢，那碰上錢的問題時，大家就要把話說清楚，合約條款寫得明明白白。

因為美國人在錢的觀念上很清楚，所以跟錢有關的事業上也就不馬馬虎虎。像是稅收制度、銀行組織、保險業等等跟大眾發生銀錢往來的地方絕對不是衙門。

錢不是從地下長出來的，也不是從樹上搖下來的，是憑一個人的血汗、努力、智慧賺來的。我們不是常說：「一毛錢逼死英雄漢」嗎？既然錢這麼重要，對人的影響又是這麼大，那麼遇上錢的問題時，大家談談清楚不是很好嗎？先小人而後君子，比先君子而後小人要少很多誤會，傷很多感情吧？

是非、對錯

美國人對於個人的權利與義務分得很清楚，因此，當你侵犯到我的權利時，你就是錯，我就是對。舉例說：老美開車經過斑馬線是一定煞車停下來，這是行人有權走斑馬線，開車的人非停不可，如果不停呢？如果不停就是侵犯到全體的權利。因此在斑馬線受害的不知道是誰，所以受起罰來是很厲害的。如果在高速道上被撞死了呢？活該倒楣！開車的人不但不賠，還要提出賠償要求，因為快車道上是汽車走的，不是人走的，因為你的錯誤引起我精神上、時間上甚至財產上的損失，你死了，可是你的保險還要賠我！

此外，美國的社會是法治的。法治的社會是尊重人，把人當人看，人既被人當人看，就得自己先把自己當人看，尊重自己。人有了自尊尊人的觀念，對於是非，對錯就會分得清楚，因此，不會亂來。

誰輩份大，職位大，官位大，誰就得聽誰的，沒有人要聽輩份小的，職位低的，官微的。多數的人只是有權人的附屬品；只是聽訓挨揍的兒女；只是聽從命令，簽請鑒核的辦事人；只是大爺有錢僱你來做事的人，加上「關係」、「後臺」、「情面」等等因素，也難怪會產生是非、對錯混淆不清的情形。因此，當我聽到：「管他的，

公司垮了是老闆的」，「有什麼關係，別人也這麼做」時，當我看見那麼多受過高等教育的人不守公共秩序與道德，把自己不當人看時，我不會覺得奇怪，也沒有悲傷。但是每當我想到：「國家垮了是誰的」時，心裡就久久難以平息。因為一個垮了國家的人，就像猶太人被德國人關在集中營裡，要怎麼殺就怎麼殺一樣！一個垮了國家的人，就像日本人攻入南京以後，中國同胞只有引頸就戮的份！每次想到紀錄片裡猶太人被殺的慘狀，日本人殺同胞的悲慘，不禁愴然淚下。唉！何必呢！

客套與廢話

老美對於真實的事情，不來虛套，對於不可能的事，他就說不可能。

工業革命始於英國，但是由美國人發揚光大，為什麼美國人能工業化呢？那是因為美國人腦袋裡發明出來企業化的經營跟工作認真，不來邪門外道的精神所得的結果，為什麼美國人搞得出來企業化的經營呢？沒有別的——自由與教育使然。

既然落後的國家要向美國看齊，拚命的想進入工業化，那麼在心理上就得早有個準備，準備工業化給人帶來的副產品——忙碌與精神上的壓力，因為工業化要求的是完美，有條不紊，要快速，要準時，要安排得分毫不差，各方面要互相配合，因此，忙碌與精神上的壓力是可以想像的。

如果大家都忙，說話就得縮短！二句話能講完，不要用五句！三分鐘能講清楚，不要用二十七分鐘說兜圈子的廢話。最後說三分鐘正話，這種說話法，說的人跟聽的人都費時、費心，實在太累了！

你說呢？

為什麼要開會呢？開會可以「集思廣益」。既然是集思廣益，那大家認為對的意思就該執行！議而不決，決而不行，那又何必開會呢？在大家不肯「行」以免得罪人的原則下，要做一件事得向每個人去拜託！拜託！成為靠「人緣」辦事，靠「會做人」辦事，「靠通氣，上路」辦事，於是一小時可以辦完的事，要化七小時去拜託，跟每一個人說盡了好話，也說盡了廢話，才把事馬馬虎虎辦好，實在太累了！

尊重個人的私事與強人所難

美國這個國家講的是人權，講人權就得把人當人看。把人當人看就得尊重自己尊重別人，所以老美不會在見過一兩面之後隨便亂問屬於個人的私事或祕密。如果你不該問而問了，表示你沒有教養，不知自重，恐怕要遭對方的白眼。搞不好對方就會說：None of your business！真是自討沒趣！

因為尊重個人。所以老美不會強人所難，因此，吃飯的時候，老美不會往你碗裡挾菜；愛吃什麼，自己動手，自己來。老美也不會對著你把頭一揚一杯酒下了肚，然後對你晃晃杯子說：「先乾為敬。」因為老美認為愛喝不愛喝是我的事。不是你叫我喝，我就得喝，要是我不喝酒呢？你先乾為敬，難道我就得喝得死去活來啊？老美不但尊重個人的事，連個人的私生活都受到尊重。他們在去看朋友之前，或有事得登府相商，事前先打個電話連繫一下，約好時間見面，約好幾點就是幾點，到時候遲到，或是該交來的東西，交不出來，都是不知自重，不知自重的人是被人看不起的。所以突然

的登門拜訪會被認為是打擾私人生活，很不禮貌的事。

此外，不管是他管的事也好，你請他幫忙做事也好，只要他說了：「No！」大家也尊重他說的「No！」。不會用盡辦法讓他把「No！」說成「Yes！」這是侵犯了他的權利，不尊重他，他就會跟你沒完，搞不好跟你豁上了，而且讓他把「No！」說成「Yes！」的那個人在大家的心目中也是站不住腳的。

每個人都有他自己的問題，都有他自己的秘密，你問我：「一個月賺多少錢？」我告訴你：「馬馬虎虎過得去。」問話的人白問，回答的人白答，多沒意思！自己做自己該做的事，在不侵犯別人的情況下，做自己喜歡做的事，大家都這麼做有什麼不好嗎？他不吃雞，也不吃魚，我往他碗裡又挾雞肉，又挾魚，我的筷子「乾淨」嗎？他對著雞跟魚，吃也不是，不吃也不是，心裡是什麼滋味兒？這頓飯他吃得愉快嗎？他不喝酒，我對著他連乾三杯，這是那門子「敬」！你叫他怎麼辦？是喝？是不喝？喝，沒那個酒量，不喝，不給面子看不起人哪之類的話就出籠了。請朋友吃飯聯絡聯絡友誼，是件愉快的事呢？還是請朋友來受罪，接受被整，看他出洋相？

他已經說了「不要」，「不行」，「不可以」，他的話就應當受到尊重，對不對？幹什麼把他大爺、叔叔、他的長官、同學全抬出來給他打電話，寫信，非逼著他把「不可以」變成「可以」呢？他說了「不要」，就表示他不願意，又幹什麼一個勁兒的想盡了辦法纏著他叫他「願意」呢？

常聽人說：「老美才傻呢，一騙就騙住了，哪有咱們精。」我常常想，世界上真的有傻瓜嗎？我相信你，你就把我當傻瓜看是吧？上過一次當，當過一次大頭的人，會一而再，再而三的當傻瓜上當嗎？有誰在被騙了以後，心平氣和的對人說：「騙得好，我真心甘情

願被他騙！」不要多，只要上一兩次當，是人都會變精，這種精是不信任你，看不起你。既然你不尊重自己，我也沒有必要尊重你，你精，我也會精！於是沒有本事的人，跟朋友談起話來用刻薄的字眼批評被騙的氣憤。有本事的人就不同了，一篇報導寫下去，登在「紐約時報」，「TIME」或是「NEWSWEEK」之類的報紙或雜誌上，那就影響大啦！

孔子曰：「己所不欲，勿施於人」。這就是自尊尊人，權利義務，誠實不欺的意思，你說呢？

話說到這兒，我要說一聲，我不是「美國月亮圓」的那種人，照社會、文明、文化與人民的思想及生活情形來說，歐洲人的「月亮」要比美國人的「月亮」圓得多。如果一定要選擇「月亮圓」的地方去住，我會毫不考慮的選擇歐洲或是澳洲，絕不會選擇美國。

常言說得好：「家家有本難唸的經」。國家也是一樣，美國人裡多的是亂七八糟見不得人的人。美國人有黑白種族糾紛，青少年吸毒及性氾濫，越戰拖累經濟，以致通貨膨脹，美金貶值，暴力犯罪日趨嚴重等等比我們嚴重的問題，但是這些問題無害於他們的基本權利義務，自尊尊人的觀念。而我所說的，也只是瞭解美國人的基本觀念及做事的習慣跟我們有什麼不同，跟「月亮圓不圓」毫不發生關係。如果我說美國人穿迷你裙，露背裝，嬉皮，抽大麻煙，口裡嚼著口香糖，一副吊兒郎當的樣子就是「性格」，開口兩句美文，閉口兩句美語，自我主義強烈就是好，那才是「美國月亮圓」的那種人。這種人常常染黃了頭髮，戴藍色隱形眼鏡，所有的朋友最好全是美國人，可惜皮膚黃了一點兒。至於我王定和，還是老樣子，頭髮很黑，戴黑框眼鏡，說的是標準國語，最洩氣的是朋友也都是中國人，不管怎麼說，我終究是中國人，你說呢？

為什麼中國人會這樣？

（這也是 1971 年寫的，2006 年讀讀也沒過時！）

　　春秋時代是中國思想上的黃金時代。在那時，有道家、墨家、法家、陰陽家等九流十家。你可以相信任何人的說法，也可以自創一家開門授徒。這個時期中國人思想是非常自由的。所以是中國人思想上的黃金時代。

　　到了秦滅六國統一了中國之後，秦始皇認為讀書人有了知識，加上自由的思想，經常批評政府，對於皇權是一種威脅。於是焚書坑儒，所留下的書只限於醫學跟法律。人民也不准再讀書識字。講學更是禁止了。任何人只要敢批評政府就從嚴懲處。這是中國歷史上封閉人民思想的開始。

　　楚漢相爭，漢敗楚亡秦後，劉邦建國為漢。到了漢武帝，他的宰相董仲舒，我敢斷言他為個人的利益才向漢武帝建議「罷黜百家，獨尊儒術」。讓人民的思想定於一。依當時的情形來看，我想他的說詞大概是這樣的（當然沒有歷史的依據，只是我個人的想法）：「啟稟皇上，天下已定，惟人民之思想太多，恐對皇權是一種威脅。以臣之見，人民之思想應定於一。而儒家思想與皇權相合，此實因儒家思想提倡『天地君親師』之故。天跟地是抽象的，君當然最大，親在家最大，師在校亦最大，凡違此規範者，必重罰，這樣一定可以世世代代為王。」這一建議被漢武帝採納。於是下令「罷黜百家，獨尊儒術」的命令時，中國人的思想就正式封閉了。為什麼我說中國人的思想正式被封閉了呢？各位可以想想，一個國家的人民只准許有一種思想，就好像一池子水一樣，開始的時候清新，久了一定

變成一池子臭水。再說，我們是人，人有自己的思想，也有自己的做法，為了要把大家的思想定於一，假如不用法家的辦法來治，那麼，怎麼能叫人的思想定於一？當大家的思想都被定於一的時候，不是思想封閉是什麼？依我看思想定於一就是單軌火車，誰大誰就對，誰大就得聽誰的，誰大誰就有權力，甚至於誰大誰就可以亂來。因此動不動就來個「思想有問題」，「思想不純正」，「腦後有反骨」，藉各種理由把反對自己的人幹掉！保護自己既得的權勢。久而久之大家的「思想純正了」，「思想沒有問題了」，變成大家服從；在朝服從皇帝，在家服從父親，在校服從老師，不論在什麼地方，都要服從地位最大的那個人，不准有自己的意見，更不准有反抗的行為。即使是一個最沒有道理的人，只要他的位子高，他說的話就得聽從，否則，常常遭到很殘酷的處罰。但是我們是人，人人都有被人尊重的慾望，被稱許的慾望，被賞識而表現自己的慾望，但是在這麼多服從壓力之下，從小就沒有說話的自由，沒有發表意見的自由，沒有自我主張的自由，沒有「不聽話」的自由，把人生而就有的慾望，扼殺淨盡。所以不少的人，一旦當了管人的人，一種潛意識造成的念頭馬上形諸於外的就是：我是管你們的人，你們都得聽我的！都得向我請示！都得以我馬首是瞻！都得聽我的話怎麼做！被管的人呢？既不被重視，又沒有權力，既不能決定事，又不能違抗上級交辦的事，為了生活，混一天算一天。這種情形使上下變得虛偽，不負責任，做表面工作，投機取巧。這種現象造成整個社會的脫節。辦一件事，好像難得不得了，又好像繁得不得了。

我說這些話不是沒有根據的，因為一個國家或是一個團體裡，只要有一個人，他的權力大於一切，如果這個人有氣度，能夠知人善使，這個國家或這個團體才會有有才能的人出現。如果這個集大

權於一身的人不怎麼樣，那麼這個國家或這個團體將出現小人當道、君子退隱的局面。一旦到了這個境地，則這個國家或團體的前途就可以看得很清楚了。這種情形在我們的歷史上，真是屢見不鮮。在皇帝說來，是一國之君，是天下，是龍種，當然要受萬人敬仰。因此皇帝權力之大，享受之隆，隨他的高興與否，可以使人忽然富貴，也可以使人突然喪命。所以中國以前的官場上說：「伴君如伴虎。」在這種情形下，做官的人自然而然的產生一種「明哲保身」的觀念──跟皇帝說話要儘量小心，避免惹他生氣，以致於對自己不利，遇事要請示，皇帝准了再做，如果做錯了，是皇帝自己批准的，他當然不會懲罰自己，於是形成推卸責任最好的辦法就是層層請示。凡事自己都不做主張，因此，一份公文經常幾個月批不下來，這叫做「公文旅行」。此類爛帳自晚清算起至北洋軍閥為最烈，至今仍影響我們的行政。所以在京城裡做事的人，一切要聽皇帝的聖旨。皇帝怎麼說，大家就怎麼做。由於事不關己，個人又沒有參加意見的餘地，不管對錯，都得去辦，忽視個人自我存在的價值，因為否定自我存在的價值，所以執行命令的人不會認真，往往是皇帝的命令是一回事，辦的人又是一回事。以致形成陽奉陰違，敷衍塞責的現象

再說中國的官，中國的官實在比外國的官偉大得多。中國的官是人民的父母，（即使是警察也是人民的保母，要作人民的君，作人民的親，作人民的師。）比如說一縣的縣長叫「地方父母官」，集行政、司法、財務等大權於一身。人民見了縣長得跪在地上，口稱「小民如何如何」。官出門的時候，就要有人在前面敲鑼開道，所有的人民都得肅靜、迴避。官愈大，所坐的轎子愈大，抬轎的人也愈多。官說的話就是法令，人民是不敢反抗的。尤其是在司法審判上，只

要縣官認為你的話沒有道理，就可以下令叫衙役把你的屁股打爛！往往造成「屈打成招」的冤獄。如敢反抗，官就可以把各種罪名加在反抗者的頭上。從「好大膽！膽敢頂撞本縣官」這句話上，你就可以想像得到，連反駁一下都是「好大膽」，更別說其他的反抗了，那還得了啊！做官的人不但受皇帝的俸祿，也有權叫所管轄的人繳糧納稅。生活上的享受是既富且貴。如果心術不正，還可以藉權勢斂財，所以中國人有「升官發財」與「官官相護」的觀念，沒有「服務發財」或是「官對民服務」的觀念。因此，大多數的人，只要從事「管理公務」的職務，或有權管你的職務，就會自然而然的有一種「官」的優越感，對於前來辦事的人，經常給予一種「官」的臉孔或是「官」的聲音。最能造成人民對政府發生反感，對政府提倡的事不感興趣，甚至對政府怨恨，抱怨的，莫過於「官」的臉孔和「官」的聲音，以及只做「官」不做事的官。

再說「親」，「親」是指父親而言，不要說以前了，幾十年以前，中國的女人在家庭，在社會都是沒有地位的。絕大多數的女人是文盲，這叫做女子無才便是德；丈夫死了，在家裡要聽長子主事。這叫做夫死從子；年輕女人死了丈夫，她得守一輩子寡，這叫做貞節；總而言之，女人在中國人家庭裡的地位很低微。所以說到「親」的時候，自然而然的是指父親而言。父親就是家裡的皇帝。父親的話就是命令。而且是絕對的對。母親及子女必須服從。子女敢反抗父親的意思，輕則挨頓狠揍，重了父親可以叫子女去死而不犯法。所以做兒女的在家中毫無自己的意見可言，更不要說發表自己的意見了，那還得了啊！就是自己的婚事，都得聽父親的安排。父親說娶誰，兒子就得娶誰。父親叫女兒嫁誰，女兒就得嫁給誰。即使是結了婚以後，還得受父親的控制，遵從父親的指示。只要父親在，兒

子就不得有自己的意見。否則，「你長大了，翅膀硬了是嗎！敢頂起老子來了！」說一些使人聽了難過的話。所以做子女的事事都得請示父親，這就是所謂的「孝順兒子」。要是不聽父母的話，敢於違背父親的意見，實行自己的主張，這種人做得再好，也是「逆子」。逆子在家庭，在地方上都是不能立足的。許許多多這種從小在雙親「保護」、「安排」之下長大的人，就像是被人養大的獅子和老虎一樣，失去了生存競爭的能力。既缺乏獨立自主，解決困難的性格，又缺乏面對現實，勇於奮鬥的精神。甚至連面對現實的勇氣都沒有。前者遇事退縮，不敢承擔，後者因循苟且，得過且過。這是輕的病，在傳統必須服從的巨大壓力之下，絕大多數的中國人從小就沒有受到應有的「尊重」，所以缺乏自重感。長大了以後，有自卑感造成的「自尊感」，所以執行命令又有權力的人，會罵人的多，會鼓勵人的少。這是因為一個人從小沒有受到過父母的尊重，長大了以後，又怎麼會瞭解去尊重別人？從小就沒有「權利」表現自己，長大了又焉知道什麼叫做「義務」？因此造成有權力的人，不一定盡義務，有義務的人，卻沒有權力的現象。我想中國人對權力兩個字非常熱衷，而且為爭取權力不遺餘力的精神，恐怕就是基於「權力」大於一切的觀念。只要有權就能管人，只要能管人就得聽我的。聽我支配的人愈多，我就愈重要。只有重要的人享有權力，不盡義務。重要的人才有特權。重要的人才有面子。因而大家爭取權力，這才是重病呢！

再說「師」，師就是老師。老師有兩種：一種是經師，就是教你讀書寫字的老師，一種是人師，教你怎樣做一個周周正正的人。不管是那一種師，都有權力「教訓，教訓」你！這種教訓包括大聲訓斥和拳打腳踢。做學生的人就得乖乖的接受這種教訓。否則就是不

接受教誨，不接受「我是為你好」的頑劣學生。因此，做學生的人
只能聽老師說什麼，自己不能反問，更不可以跟老師辯論。若是敢
頂撞老師，那真是罪大惡極！這種情形至今仍影響中國的教育。在
這種「天地君親師」的思想下所培養出來的思想，就是服從，不計
理由的服從；子女服從父母，學生服從老師，人民服從官吏，部下
服從主管，做官的服從皇帝等等，小服從大，在這種服從的壓力之
下，即使是在絕對可以自我表現的情況下，大多數的中國人還是沉
默不語，或是推來推去，這種情形在開會的時候尤其明顯。

　　到了隋朝，隋煬帝想出了開科取士的辦法。就是叫全中國的讀
書人在地方上考，考出了頭再到縣裡去考，縣裡考出了頭到府裡去
考，府裡考出了頭到京師裡去考，京師裡考出了頭就是狀元。狀元
是極大的榮耀。可以在京師做官，也可以在外地做官。如果說一個
讀書人是為忠君愛國，為國為民而讀書考狀元，我們沒有話講。可
是有幾個讀書人，讀書的目的是為國為民才考狀元的？我敢說少之
又少，因為俗語說：「十年寒窗無人知，一旦成名天下聞；」又說：
「書中自有顏如玉，書中自有黃金屋。」於是形成了：「萬般皆下品，
唯有讀書高」的思想。這種思想就是要做官嘛！請你想一想，一個
讀書的人，用十年的時間來研墨，練習用毛筆寫文章，這樣的人會
有眼光，有氣魄，有衝勁，敢說敢做，敢當敢為嗎？這樣的讀書人，
心裡知道什麼是理想嗎？什麼是抱負嗎？什麼是服務人群嗎？根據
心理學的研究，這種為「書中自有顏如玉，書中自有黃金屋」而讀
書的人，往往成為一個只往裡看不往外看的固執人。就算是考取了
狀元，也只是為「榮宗耀祖」，為「一旦成名天下聞」的觀念所左右。
就算是當了官，也是為當官而當官。所以我敢說，絕大多數的這種
讀書人的腦袋裡缺乏管理、領導、以及與他人合作的才能與觀念。

這種讀書人當了官以後，也缺乏臨機應變的能力。因為他除了會讀書以外，他沒有做事的經驗，那裡能處理問題？因此，自古以來中國的官只享受官的權力，那有什麼義務可盡？

　　隋煬帝開科取士以後，留給我們最大的害處是（這是我個人的看法）：讀書人窮一生的時光讀書，寫字想考狀元好當官。所以父母天天叫孩子讀書寫字。一個人從小就讀書寫字，也許是書讀得太多，所以老是對別人的說法不服氣，甚至嗤之以鼻。也許是書讀通了，所以罵起人來或批評起來頭頭是道，如果叫他來做，他又會眼高手低，說不定給你來句：「這種事我才不做呢！」也許是讀書把大腦讀得很發達，身體退化了，所以對勞體力的事，不屑一顧，特別以手不能提籃，肩不能擔擔，閒來無事下下棋，寫寫對聯，吟吟詩為高雅之士，造成很了不起的士大夫階級。誰要是動手發明去做點什麼，在士大夫的眼中充其量他只是一個匠，因為「玩物足以喪志」！大家都不願意玩物喪志，所以鴉片戰爭叫英國人打得鼻青臉腫，從此淪為世界各「玩物喪志」的先進國的次殖民地好幾十年。總而言之，只要我們的士大夫思想存在一天，我們國家向前邁進一步，受人尊重的日子就會遲一天來臨。

　　說到這裡，我特別要說明一下就是儒家思想並沒有錯。儒家思想在春秋戰國的時候，只是眾多思想中的一種思想。孔夫子絕不會想到他的思想會被漢武帝重用。因此有人責備或辱罵孔夫子是不應該的。你認為是不是呢？因為孔夫子所主張的「天地君親師」全是雙線進行的，是君君——臣臣，父父——子子，夫夫——妻妻，這是基於人性及心理因素。如果君不君，那麼臣就不臣。父不父，子就不子。夫不夫，妻就不妻。但是後來有權勢的人硬是把人造成君不君，臣亦得臣。父不父，子亦得子，夫不夫，妻亦得妻的局面。

天下最不講人性的事，莫過於此。這種情勢是怎麼樣造成的呢？我個人的想法是這樣的：

從漢武帝罷黜百家，獨尊儒術以來，一直到清朝被推翻差不多有兩千多年。在這兩千多年中，中國一直是一個以農立國的國家。大多數的人務農為生，因此文盲在中國佔很高的比率。加上交通不便，出門旅行困難重重，以致絕大多數的人生於此地，死於此地，終身所見都是這個地方。是故絕大多數的人缺乏知識，知識落後的結果當然當朝愚昧、迷信、忌諱的事特別多，墨守成規，不知改進，骯髒等等不良的習慣。既然大多數的人知識不發達，這些人在思想上也單純得多。領導人只要用一點權力就能使這些人就範跟著走。但是少數讀書人，因為讀了書而有思想，因為有了思想才批評皇權的對錯，這些人才是皇權所擔心的人。因此在歷史上因為思想上跟皇帝不一致，以致遭殘害或殘殺的人真是不計其數。最後中國人的思想終於像野馬被趕入馬圈一樣，屈服於皇帝所規定的儒家思想範圍之內——從小就得服從，而且是不計理由的服從！

皇帝所規定的儒家思想對我們的影響究竟有多大？我個人的看法是：

一、皇帝的權力大於一切，如果能夠得到皇帝的寵信，那麼權力、富貴不是都有了嗎？因此爭取皇帝寵信的人大有人在。而這些人都是離皇帝很近的人，皇后跟三宮、六院、七十二妃爭。一個人爭到了皇帝的寵信，那麼自然而然的就有人投靠他。於是立刻形成一個圈子來跟別的圈子爭權鬥智，為的是要保護從皇帝那裡得來的寵信。這個圈子裡為官的人，當然是皇帝寵信的人，而想要當官的人，又得有人向皇帝推薦。而這些受皇帝寵信的人，當然是最好的推薦人。那麼，想要當官的人就得跟這

些皇帝的寵妃、寵臣、寵宦、寵戚拉關係，送禮、拍馬屁，甚至做出違反人格與人性的事，來得到這些人的賞識，好向皇帝推薦自己當官，被推薦的人，一旦當了官，自然得聽命於推薦人。推薦人叫他做什麼，他就得做什麼，否則，他的官位就保不住。形成主子關係。這種情形乃是中國人講人情、拉關係、走門路、貪污、只知爭權，不知實做的濫觴。

二、皇帝是人，是人就有表現自己的慾望。更渴望受到別人的讚賞與尊崇，因此皇帝用人當然是要用符合自己意思的人。最能符合自己而又能跟自己合作的人，當然是自己所熟知的人，或兄弟，或同學，或朋友，或同鄉，或介紹等等。中國人有一句話說：「一人得道，雞犬升天。」有才能而沒有關係的人，就不必談啦！所以在中國「關係」是非常重要的事。因為關係是這麼的重要，所以大家說話做事都特別小心。萬一得罪了「有關係」的人，恐怕會有非常不良的後果。基於這個原因中國人說話轉彎抹角。做事避重就輕。不行的想辦法叫他行。這種惡習累積的結果，是情面也跟著重要起來了。有「關係」就有情面，有情面就不好意思不做。所以「託人關照一下」成為辦事不可缺少的程序。破壞整個制度的莫過於情面。為了關係，為了情面，就不願意得罪人，不願意得罪人的結果是大家馬馬虎虎啦！大家馬馬虎虎的結果是整個國家遭到別人的譏評與輕視！

三、由於咱們從小就要服從，要服從就沒有「平等」兩個字的真實行動。不但人格上沒有平等，就是人與人之間應該有的平等也沒有。這是君權大，父權大，師權大的結果。因此，凡是在高位或做官的人，都受人尊敬。不但受人尊敬，好像人格都比別人高一等。所以我們見了長輩要必恭必敬，接受「教訓」。見了

上司得必恭必敬，接受「訓示」。不管他們說的對還是錯，只要
聽著，不要發表意見。所以我們從小聽父母的話，在學校聽老
師的話，到了社會聽上司，聽老闆的話。這樣的人，才是公認
的乖孩子、好學生、好部下。如果有自己的意見，有自己的主
張，敢跟父母據理爭，敢跟老師辯，敢跟上司說理，我敢說，
這樣的人在我們的社會裡非投河就上吊。因為這樣的人在家是
逆子，在學校是不聽教誨的問題學生，是要被記過或開除的。
在機關做事是不聽令的部下，有被踢屁股的可能。因此，從小
就沒有人要聽聽我們要說什麼？因為除了服從以外，我們沒有
資格說什麼！由於長時期的抑制自我，長時期在沒有自我人格
發展的情形下，絕大多數的中國人缺乏獨立自主的精神（留美
學生大家住在一起，說中國話，吃中國飯，不大與外界接觸就
是最好的例子），遇事退縮，拿不定主意，怕麻煩，不要負責。
這還是好的，最糟糕的是多數人都不知道自尊。因為從小就沒
人尊重他，他長大了又焉知道尊重別人？！一個缺乏自尊尊人
的人，對於權力義務的觀念也清楚不到那裡去！權力義務都弄
不清楚，又怎麼能對是非，對錯以及公私分得清楚！因此，我
們所表現出來的，在在都使外國人覺得不可思議。

四、在傳統讀書、寫字，考狀元好做官的傳統教育壓力下，我們中
　　國父母對孩子讀書、寫字、考學校看得比什麼都重要。對於孩
　　子來說，沒有人問他願意不願意讀書？沒有人告訴他讀書的目
　　的是什麼？沒有人教他什麼是責任，什麼是禮貌。要他做到的
　　是讀書，考好學校。在這種壓力之下，孩子真是可憐，讀書又
　　讀書；考學校再考學校。父母督促孩子讀書是為孩子。老師督
　　促孩子讀書是提高升學率，以考取學校的百分比為榮。多少人

為讀書而放棄運動，放棄娛樂，放棄自己所喜歡的事。這種一直處在讀書狀態的學生，心境上是不會開朗的。因此，在心理上往往造成一種頗不平衡的心理。那就是常常不自覺的去挑剔別人的毛病，譏笑別人，甚至否定別人以得到自我表現的滿足。缺乏容人的氣度，沒有與人合作的雅量。於是各做各的，各自力求表現，讓上級覺得「我」不錯。這種觀念的表現是：好像大家都在做事，好像大家都不在做事。好像大家都在負責，好像大家都不在負責。偏偏這些「果」叫外國人看到了，又沒人肯對他們解釋，也難怪他們覺得中國人真是不可思議啦！

現在我們天天講革新，我想革新的意思並不是一二個人要革新，然後大家跟著嚷嚷成為一種口號，或是成為一頂大帽子，隨時隨地搬出來唬人，請愿用。革新的意思以我個人看應該是全國國民瞭解我們的病源，進而大家想想，然後面對現實去做。要怎麼做才是革新呢？以我個人的看法，那就是：今天社會的型態和過去社會的組織已經大不相同了。由於科學的進步，大眾傳播工具的發達，教育的普及，智識的發達，在在都跟四十年以前的青年人不一樣，也不可同日而語。如果仍以三四十年以前的教育方式來對待現在的年輕人，那是不公平的。指摘、懲罰這一代青年人的所做所為就更不公平了。孔子不是也說過嗎「不教而誅之」是不對的。所以對於有知識的青年人指摘、高壓，強其接受思想就能使他就範嗎？因此，我個人認為，做父母的應該改變一下自己的觀念，接受社會向前進步的事實，以及承認子女的思想，做法或是他的意願或主張已經不再受到父母的控制。父母應該聽聽孩子說什麼，尊重他的意見。站在長輩的立場給與指導，給與尊重，發展孩子獨立自主的人格。讓

他們知道什麼是權利，什麼是義務。讓他知道有權利的人就要盡義務，比如說，子女在家吃住，向父母要零用錢是他的權利。那麼保持家庭清潔，甚至做飯洗碗就是他們的義務。人有了權利義務的觀念，才有負責服務的行動。能負責服務的人，當知道是非、對錯。如果我們仍然用上一代對我們這一代的做法，我們的子女將會因為沒有自我表現的機會而逃避現實。對於國家、社會或團體的事仍然不感興趣即使成為社會團體的一份子時，他也不會為這個團體或社會盡一己之力。多數人對國家的事不盡力，國家的光采何存？多數的人不知為所服務的團體盡責，這個團體的發展與生存靠誰？多數的人有「管他的，公司垮了是老闆的」這種念頭，那麼國家垮了以後又是誰的呢？

諸位青年朋友，我們不要責怪上一代對我們不公，我們也不要怨恨我們的社會不好。因為上一代沒有錯，他們也是傳統思想下的被影響者。真正有錯的人已經作古幾千年了。那麼，為什麼不從我們這一代開始來改正我們的觀念呢？我們改正我們的觀念來教導、影響我們的下一代，好讓我們的下一代抬頭挺胸，做一個堂堂正正的中國人，讓外國人不敢有一句輕言輕語出口，做到這一步，我想應該是我們這一代青年人的責任，你說是不是？

幹嘛招惹中國人罵呢？

2004年10月9日星島日報的美國周刊第18頁標題是「中國製造遭圍堵」，題示說：「上（9）月17日晚，西班牙東部城市埃爾切爆發示威遊行，抗議當地的中國鞋商壓低鞋價搶生意。示威很快演變成暴力襲擊，中國鞋商的倉庫、貨櫃、貨車被放火焚燒。西班牙人火燒中國鞋城不是孤立和偶然事件，它只是近年來世界各地此起彼伏反對『中國製造』事件中程度比較激烈的一次。」

人治與專制社會培養出來的國民就知道「我」，所以說話做事不管別人的感受，因此太多人的IQ很高，但是EQ奇差！因而走到那一國就被那一國人民討厭。

北加州電腦重鎮的矽谷地區，其旁邊的Fremont市住著相當多的中國人，我估計60%以上的中國男人都受過中美雙方高等教育，有代表性。

Fremont Blvd和Washington St.交口的地方有一家Fitness健身俱樂部。游泳池用繩子隔成三條水道，每條水道二人共用。美國人進入水道之前一定會徵求你的同意 "May I？"（可以與你共用嗎？），這是基本的禮貌。中國人，韓國人和越南人受五千年歷史文化和自稱自己是禮儀之邦影響的人，在進入水道之前，管你是哪一國人，理都不理你，下水就游，一點基本禮貌都沒有！

當只有你和美國人在蒸氣室或熱水池的時候，你自己做一次民意調查，你問他（她）：「在美國生的嗎？」他說：「是」，你說：「可以問你一個問題嗎？」他說：「可以」，你說：「你同意就點頭，不同意就搖頭」，他說：「好」，你問「Asian people rude ah！（亞洲人粗

野無禮貌啊！）」，你看他是點頭還是搖頭？！

Fremont 市的 Mission San Jose 學區是一流的學區。這一區 950 平方尺不起眼的小平房竟然賣到 65 萬元以上，這麼貴的房子 95% 是中國人買。你早上去當地 Ohlone 社區學院對面二條小街的 Mission San Jose 小學觀察（這所學校有五六百學生），你就可以看出來美國人大約佔 15%~20%。你對這所小學的美國老師發一份問卷「你對中國人的印象口是好口是壞，請在口內打 V」，並附上回郵信封，你就知道答案了。

美國的華人組織「百人會」對美國人發出一千兩百份問卷，問他們對中國人的印象如何？結果有四分之一的美國人對中國人很感冒，美國現在有三億上下的人口，主流佔二億吧，就有五千萬美國人對中國人印象不好！

你看過 CBS 電視台製作的 "Judge Judy" 這個節目嗎？Judge Judy 對訪問他的記者說：「每次播出這個節目，只要有 10 個人受到影響和啟示就值得我這麼去做」。我也是這個心情，聰明人一看我說的就明白「忠言逆耳利於行」，「他山之石可以攻錯」，但也有很多人一看我的文章就立刻「聞過則怒，暴跳如雷」，連主題都看不清楚就開罵了！

1984 年我在華人聚集的 Monterey Park 市演講，中華電台的一位主持人邀請我上他的節目，節目一開始說「那些行為會惹美國人討厭」，我照著拙作《在美生活須知》一書內「權力與權利」一文中「甚麼樣的行為惹人反感」，剛說了二三樣中國人不好的地方，中華電台所有的電話齊響，聽眾打進來的電話都是情緒化的;「聞過則怒罵」，直到一通一位女士打進播音室說：「王先生說的是希望我們不要這麼做，是為我們好……」這才平息眾怒。二十年以前我已經領

教過中國人不管大題目是甚麼，只要說中國人不好就「聞過而怒罵」的德行了。再說從 1979 年移民美國以來，你王定和這 26 年來在美國人區，有英文專業著作（紐約 Vantage press Inc.出版），受到鄰居尊重，也受公司美國專業人士的尊敬，更不需要早九晚五的工作，即使不做事，每年也有 7~8 萬元收入，自掃門前雪，你好就好了嘛，幹嘛又在亞省時報上招惹中國人罵你呢？吃飽了撐的是吧？！

中國人聚集的地方，美國人一定成為少數，因此中國人對中國人發「習慣成自然」大家都知道怎麼對付。你住在 Arizona 州，那是美國人多，中國人少的地方，你週圍都是美國人，你「習慣成自然」的對付美國人，你會好嗎？會快樂嗎？會不遭美國人白眼對待嗎？

中國人說：「知己知彼，百戰百勝」，你連自己成自然的「壞習慣」都不知道是怎麼來的，你怎麼可能去「知彼」呢？不知己，不知彼的在美國生活恐怕很難快樂。

只有我這種吃飽了撐的人才會告訴你「壞習慣」是怎麼來的，再告訴你美國人是怎麼說的怎麼做的，沒別的，希望你「知己知彼」在美國生活得好，不受氣，不被人欺負，不遭人白眼相待，如此而已。祝心平氣和的看我寫的文章——指出事實，絕不是罵人！

當個實質的「美國」人

拿了綠卡入了籍，不要存著「和尚敲鐘」閉關心態過日子。否則，人家把你當怪物；結果你眼中也把人們都看成了怪物；多悲哀。

美國移民局發的綠卡只是准許一個外國人可以長期居住美國並在美國謀生，入籍證明是美國政府承認外國人可以入籍美國成為美國公民。

如果自己不承認自己屬於美國，是以一種「異域作客」、「流落國外」或「只要賺到美國錢就回國光宗耀祖」的心態住在美國，必然與美國環境和美國人格格不入，甚至與下一代也無法溝通，綠卡和入籍證明又代表什麼呢？！

中國有句俗語說：「做一天和尚撞一天鐘」。就算當和尚也絕不是只要剃光了頭就可以住到寺廟裡那麼簡單，也有很多事要學吧？！

舊金山北邊開車三小時，有一個地方叫做 UKIAH，這裡是萬佛城的所在地，在這裡出家的藍眼黃髮的美國和尚和尼姑用國語唸經、唱經，也能說流利的國語。因為萬佛城的主持是宣化法師，宣化法師是中國人，而且只會說國語，宣化法師幾位弟子更可以看中文印的經文，宣化法師用國語講經，其弟子當場譯成英文。

他們的身份是和尚和尼姑，他們的實質也是和尚和尼姑。他們不但在他們所處的那個環境與人彼此建立起關係，與萬佛城外的善男信女也建立起深厚的關係。

如果這些和尚和尼姑不承認自己屬於萬佛城，是以一種「經濟不好，等經濟情況好了就立刻還俗」、「我丈夫回心轉意了我就回家」的心態住在萬佛城，那就是身份上來說他們是和尚和尼姑，實質上

他們不是和尚或尼姑。他們不但無法適應萬佛城的環境，也難與他人建立起關係，更不可能得到城外善男信女的支持！

同樣的道理，身份是美國人，實質上根本不屬於這個社會，那張綠卡或入籍證明只是一份文件而已。凡是實質上不屬於美國的，往往把美國人當怪物看，美國人也把他當怪物看，其結果是美國人還是美國人，他自己卻覺得身心痛苦不堪！

既然拿了綠卡移民美國，也宣誓入了美國籍，就應該謀求身份與實質合一，關於這一點我提供個人的經驗供大家參考：

瞭解憲法人權

美國的最高法律是憲法，憲法所標示的原則是自由、平等、正義。在憲法保護下人民有言論、信仰與出版自由。也保護人民的權利，因此人民有集會及請願的權利，有公平、快速受審判和保釋金的權利，有家庭安全的權利，也有自由遷居的權利。

美國是聯邦制，五十州如同五十個國家，由聯邦統其大成。聯邦法由國會制定（國會的權力乃是由人民及憲法賦與），交予總統執行，法有質疑則由大理院大法官解釋。各州有各州憲法，州法由州議會制定。州法不得與憲法和聯邦法牴觸，州法由州最高法院大法官解釋。

美國是一個人人有權利的國家，只要不違法、不犯法，不妨礙他人，任何人高興怎麼說就怎麼說，高興怎麼寫就怎麼寫，高興怎麼做就怎麼做，因此美國人個性比中國人開朗。

任何人的利益受到侵害就可以訴之於法，循法律途徑爭回損失。這是一個天理、國法、有冤有處訴，也有人為你伸冤的社會和國家，因此美國人做事規矩。

英文會說會看

英文會說會看還不夠，還要養成發問和看資料，看說明的習慣。問的愈多瞭解得事物愈快，愈早進入這個社會。資料看的愈多，常識吸收的愈多，常識豐富的人判斷力也強，遇有好事，好機會可以當機立斷逮到機會。

以進為進不退縮

我一九七九年五月六日來到舊金山，在弟弟家住了一夜。第二天到舊金山紀利大道一家 David Varner 雪弗蘭車行找銷售經理，我拿著「臺視周刊」劇照對他說：「我在臺灣演電視，所以在中國人社區很有名，如果你僱用我，我保證你用對了人！」

天知道，我除了雪弗蘭這個牌子以外，雪佛蘭出產的車我一部都不認識！銷售經理可能看我是有兩下子就用我了！實際上，那時候我連一下子都沒有！但我不退縮。

建立人際關係

我把從臺灣帶來的袖扣、領帶、領帶夾等小東西送給其他的 Salesmen。早上常買一些美國人喜歡吃的甜甜圈請大家吃，或請他們吃個午餐。我每換一個工作就用這種方法，很快地建立起人際關係，當我有問題的時候，我得到的幫助足可收回成本。

在這兒我特別提醒大家，不論你與美國人的關係如何密切，友誼多麼深厚，你對自己所希望的職位或有興趣的工作要採取「有話講，有屁放」的態度，否則你以為「憑我們的交情，銷售經理出缺

一定是我！」偏偏就不是你！

如果他認為你做銷售經理的本領還不夠，他也會直截了當的告訴你「你本領還不夠看！」對於這種拒絕大可不必耿耿於懷，等本領夠大的時候再提出來就是了。

「說不說在我，給不給在你」，這次講了不給下次再來，務必把「說出來人家不給多丟臉」的這種觀念徹徹底底從大小腦中剔除！

參加社區社團

美國人不但各掃門前雪，還管他人瓦上霜。因此，參加社區組織貢獻一己之力，不但可以擴大社交範圍，還可以得到很多經驗。

我個人參加舊金山日落區獅子會，獅子會主要目的是幫助盲人。獅子會有各行各業會員，年過半百的會員最有時間和耐心回答我的問題，我隨著他們到處聚會聚餐眼界大開。凡是獅子會內的會員費、聚餐費、盲人捐助、慈善捐款等都可以抵稅。

此外，凡是需要我捐款的，像是救世軍、警察局、消防隊、殘障兒童、學校等我都捐，沒有多少。「我掃門前雪，也管他人瓦上霜。」

加入政黨

我加入美國共和黨。因為根據 TIME 雜誌的統計表指出，每當共和黨人當選為美國總統，美國的經濟情況就上升。每當民主黨人當選為美國總統時，美國經濟情況就下降。經濟上升對我所從事的職業才有利，因此我參加共和黨。

我對美國的事、美國的人和美國的現況有興趣，進而參與美國的事。

　　來美國七年，我畢業於美國最大的大學——UAS（University of America Society，美國社會大學）。我畢業論文的題目是「問，再問，弄清楚。學，再學，弄明白」。在這兒所提供給各位的是實際不是理論，此一開講的目的是「說不說在我，聽不聽在你。」

　　即使看破紅塵出家當和尚做尼姑，還是有很多事要學的。身份是和尚或尼姑，實質上不是和尚或尼姑——不參與也不學寺廟的事，這樣的人也難容於四大皆空的出家人。更何況我們處在一個周圍都是四大不空的凡人世界了！

美國的「法」會保護你，你犯到它「法」也會罰你

　　2004 年 7 月 12 日星期二，世界日報社論「不應打壓『說實話』的陳桂棣」。文內說：「……『農民真苦，農村真窮，農業真危險。』三農危機等於不定時炸彈，隨時都會爆發。可是由於問題太複雜，牽涉因素太廣太深，當面雖明知『三農』危機搞不好會有『亡黨亡國』的後果，但多年來一直採取拖延迴避的態度。」朋友，你把左手併攏橫著伸出去，小姆指代表 90%廣大無權無勢的人民及農民，無名指代表警察，地痞，土豪，劣紳，中指代表縣官，食指代表省官，大姆指代表皇親國戚。從無名指到姆指都壓看小姆指！

　　「大」人和「官」人說：「為國為民」，那只是一句口號，如果你真的為國，你的結局就跟岳飛被砍頭，袁崇煥被剮三百零八刀而死一樣。你真的為民，結果跟屈原投江而死一樣。真實的情況是：皇帝只在乎自己的皇位，官只在乎升官發財。沒人在乎國更沒人在乎民了。在一個人治與專制的國家中，從皇帝到警察，人人只在乎「權力」，這些有權力的人都不是生產者，因此他們及他們家人衣、食、住、行的錢全靠人民供奉，只要有權力的人缺錢，就向人民要。警察自己要錢，人民給一角就行，縣官要錢，人民得給五角，省官要錢，人民得給一元，皇帝要錢，人民得給三元。這層層要錢的官及皇帝，我們小民只有給，不給就是刁民，對付刁民就是大刑侍候！被錢逼得走投無路而反抗就是「大膽刁民」……自尋死路！中國人民在權力的壓迫及摧殘之下變得非常溫馴。就是這麼逆來順受的馴

民也會被官逼得造反，一旦造反，那些有權力的人為維護他們的權力殺起反民的頭來是不會手軟的呀！

美國的官員是從英國制度來的，那就是大家出錢點請一個人為我們大家做事，這位幫大家做事的人就叫公僕（Public Servant）。公僕有公權力來執行大家賦予他的任務。如果這位有公權力的官員用他的權力向你明著或暗示要錢，英文叫做 Extortion，這是犯法的，如果你確定自己沒有錯，你就要反擊把他告到管他的主管人員那裡，甚至開記者招待會絕不要有「花錢消災」的心理。

因為人治與專制的政體把人性扭曲成逆來順受的「妓女個性」，但是在道德上又要大家立「貞節牌坊」，因此中國「大」人教育我們「家醜不可外揚」。於是「大」人和「官」人做的不是人事，說的不是人話，我們「小」人和「下」人要明白「家醜不可外揚」，「大」人和「官」人就可以立「貞節牌坊」了。如果你說了實話，而且是公開的說「大」人做的那些髒事和見不得人的話，你就是「家醜外揚」的人，你的結局會變成「無冤亡」。

因為中國人有這種「妓女貞節症」，所以中國人從小就被訓練成睜眼說瞎話的人！陳桂棣先生說了實話，他的結局也許不會「無冤亡」，但肯定被整得再也不敢說實話了！

美國人也撒謊，所以英文裡有 "Lie" 這個字。說謊不被逮到是運氣，被逮到你就知道多嚴重了！舉例你看看：

（1994 年 10 月 26 日）美國賓夕凡尼亞州（Pennsylvania）的 Philadelphia 市政府檢驗人員在市內檢驗一家溫蒂漢堡（Wendy）快餐店（美國第三大漢堡快餐連鎖店）的二十四個牛肉餅，發現其中有二十二個牛肉餅的重量沒有達到廣告中所說的四分之一磅，差 0.25 兩。

處罰

市政府沒收了溫蒂漢堡店內的九百六十個牛肉餅，同時根據賓州州法和聯邦法對被沒收的牛肉餅，每一個罰美元一百元，一共罰了九萬六千元。

在美國製造的貨品或從國外進口的產品都得在貨品上貼上標籤，標籤上註明這個產品包含 Contains 甚麼，舉例：

不論甚麼牌子的汽水上市，汽水工廠必須在汽水瓶（罐）的標籤上註明「這瓶（罐）汽水包含卡洛里 100，蘇打 55mg 2%，醣 26g 9%，糖 26g 蛋白質 0g」。如果造汽水的各種原料都漲價了，工廠要維持合理的利潤，當然汽水也要漲價。如果工廠減低原料的成份來維持原價，一旦被檢查人員發現汽水所含的各種成份比標籤上所註明的要少，說不定會從開廠那一天罰起，罪名是「詐欺顧客」！

基本上，美國的執法人員採取我相信你不會偷工減料，也信任你不會犯法的心態，一旦你偷工減料或犯法被發現了，你就是「不值得信賴的人」，溫蒂漢堡在廣告中說「牛肉餅是四分之一磅」，費城市政府檢驗人員檢驗二十四個牛肉餅，其中二十二個差了 0.25 兩，九百六十個牛肉餅沒收，每個牛肉餅再罰一百美元，一共罰了九萬六千元！

美國的「法」會保護你，你犯到「法」，法也會罰你！

中國人看「後台」，美國人看「法條」

中國是人治社會，「君教臣死，臣不敢不死，父教子亡，子不敢
不亡」。是人治社會最高境界。因此，中國人對「現官現管」，「官大
一級」和跟你有關係的那位有權「大」人很有概念，對法律規定沒
有甚麼概念。

美國是法治社會，英文說：「Rules is rule 規定就是規定」，法規
既定，人人必須遵守，沒有例外！這是法治社會最高境界。因此，
美國人對「法律怎麼說」很有概念，對「現官現管」，「官大一級」
和跟你有關係的那位有權「大」人沒有概念。

當你跟美國人做生意或自己的企業在美國創業時，你必須對美
國的法律有基本上的認知，否則，你將受到慘痛的教訓。茲將美國
報紙上所報導「犯法」的事情向大家做一番轉介及說明：

商標、版權及專利權絕對不可以侵犯

（1994 年 11 月 30 日）有一立名叫沈喬治（George Shen）的中
國人，在加州洛杉磯市開了一家 Dragon Pacific 公司，從中國及台
灣進口仿造的任天堂（Nintendo）電視遊樂器及卡帶在美國銷售，
這就侵犯了任天堂商標、版權及專利權，因此，任天堂提出控告，
沈喬治被美國海關特勤人員逮捕。

沈喬治上訴到美國首都華盛頓 D.C.的聯邦上訴法庭，結果被駁
回，維持舊金山聯邦法院原來的判決。

處罰

民事上，沈喬治及其公司要賠任天堂四十多萬美元。

刑事上，已經被聯邦法庭刑事陪審團判罪，要坐牢。

（1994 年 11 月 28 日）洛杉磯市專做批發及零售的服飾區內，一家韓國人安建洛（Jang Lo Ahn）所開的店內，警方搜出價值十萬四千八百零五元的假美國名牌 CHANEL 女用香水，化粧品等，此外還有二千三百七十四件皮包，皮夾，手飾等仿冒品。

處罰

法官判安建洛一千三百五十美元及兩年緩刑，所有仿冒品予以沒收後銷毀。

產品得符合法規

（1994 年 11 月 25 日）總部設在洛杉磯市的銀星（Silver Star）傢俱公司他們所製造的沙發被加州消費者事務處傢俱隔熱局發現不合加州防火與標籤的規定，檢驗人員同時發現「銀星」根本沒有有效的傢俱製造執照。

今年十月，檢驗人員發現「銀星」製造的傢俱還是使用不能防火的材料，但沙發的商標卻標示是使用防火材料，同時又發現「銀星在沒有零售執照許可下出售其產品，於是隔熱局下令禁止「銀星」公司生產並出售傢俱。

後果

全案由傢俱隔熱局移送洛杉磯地區檢察官辦公室的消費者詐欺小組處理，一旦老闆斐瑞茲被定罪，最高可能面臨三十萬美元的民事與行政罰款。

別人犯法，你也會被告

（1994 年 11 月 1 日）紐約中國城內中華公所大樓樓下有店面租給別人做生意，其中有一家「富華商店」的租戶出售名牌 POLO 運動服及勞力士手錶的仿冒品。這二家正牌公司查出中華公所是房東後，委請律師致函中華公所提出警告：如果「富華商店不停止銷售仿冒的 POLO 運動服及勞力士錶，將對屋主中華公所提出連帶的法律控訴」。

只要你到了美國，開始跟美國人做生意，遲早會接觸美國的法律。基本上美國的法律分為刑法和民法二種。

刑法是一個人犯了政府的法，如殺人、搶劫、詐欺等，這由警察機關搜集証據，證據確實，警察或治安人員就會逮捕這個罪犯，經過法院審判或坐牢或死刑，刑法是可怕的。

民法是一個人或一夥人或一夥人或一個公司與另外一個人或一夥人或一個公司起了利益衝突，原告的律師在法庭上提出可信的證據，被告提出辯護，原告與被告雙方對簿公堂，警察和治安人員不參與，民法是可厭的，很煩人，搞不好就得賠大錢。

醫院有各科，如內科、外科、眼科、耳鼻喉科、婦產科、泌尿科等，一個病人那裡有病就找那一科的醫生看。

美國的律師跟醫生一樣，也分很多類，要辦移民找專辦移民的律師，要離婚找專辦離婚的律師，車禍或工作受傷要找專辦傷害賠償的律師，犯了法要找專門出庭辯護的律師，出了甚麼「事」，要找專辦那個「事」的律師。因此你來美國做生意的第一件事就是找一位律師做你的「法律」顧問。

假定美國禁止進口魚翅，從法律生效那天開始到今天，你們公司進口了一百個貨櫃，前面九十九貨櫃都沒有查，你以為第一百個貨櫃也不會查，於是夾帶了魚翅，正巧碰上海關抽查，發現魚翅，你完了，從第一個進口貨櫃罰起！日後只要是你們公司進口的貨櫃就要送到檢驗場，甚麼時候檢查完，沒問題了，再放行。這一檢查說不定好幾個月。

英文說：「One who earns the respect 為人所尊敬的人是他賺來的」，同樣地，只要他亂搞，「不為人所尊敬也是他賺來的」！亂搞的人沒被逮到是運氣，只要被發現一次，保証他會後悔得捶胸搥頭。美國的五十個州（State）如同五十個獨立國，由聯邦統大成，所有每一個州的市（City）有市議會，州有州議會，聯邦有國會，議會的議員通過的法律交由市長、州長執行，國會通過的法律交由總統執行。因此美國的市有市法，州有州法，聯邦有聯邦法，市法不可以牴觸州法，州法不可以牴觸聯邦法，不論市法、州法還是聯邦法都都不可以牴觸憲法，憲法是美國最高法。

任何貨品只要被查到「不誠實」就會受到市法、州法或聯邦法的聯合懲罰。

商標、版權及專利權，絕對不可以侵犯

　　在美國，商標、著作版權及專利權三項合稱為「智慧財產權」，美國可以說有世界首屈一指的法律制度來保障個人或公司的智慧，更把這種智慧視為個人或公司的財產。這種智慧財產除非得到個人或公司的同意，雙方簽下合約，否則任何人都不能任意使用。因此，在美國做生意千萬不能發揚「看得起你才盜印你的書或仿冒你們的產品」的精神！

　　美國的律師每小時要收二百五十美元，大律師一小時要收四、五百元，律師打一通電話，影印一張紙都另外算錢。律師幫你寫一封警告對方的信，至少收費三百美元。你從盜版或仿冒品上所賺到的錢，說不定不夠付律師費！沈喬治先生上訴到華盛頓 D.C.最高聯邦法庭，律師費就不得了又兼了不得。

產品得符合法規

　　在美國，法規規定產品不准使用甚麼原料製造，如不准使用石棉做建築材料，不准使用含鉛的水管等，因為石棉和鉛會使人得癌症。製造沙發必須用防火的材料，防火的材料成本高，「銀星公司」生產的沙發用的是不能防火的材料，卻在標籤上註明用的是防火材料，這種做法是用便宜的材料冒充貴的材料賣高價。因此會被同行或消費者告到主管機關，一旦主管機關查明產品不符法規規定，後果就嚴重了。

別人犯法，為什麼你也會被告？

美國人告狀的方式是「所有跟這件『事』沾邊的人、公司或政府機關都告進去」其最終的目的就是「總有一個負責賠錢的人」。

加州洛杉磯市的市民金恩先生開快車超速，又不理警車叫他停車的命令，後來四、五部警車把他追停，眾警員把他拖下車用警棍痛揍，這時有二位學區警衛在一旁看熱鬧。金恩律師告警察，告警察局，告洛杉磯市政府，連帶在旁邊看熱鬧學區警衛所屬的那個學區也一起告。（1992 年洛杉磯大暴動就是這件事引起的）。看熱鬧也被告，這就是美國告狀的方式。

如果你的權益受到侵害，你不要自認倒楣，要用美國人的方式告狀。

因為中國是人治社會，所以講「情、理、法」，因此做起生意來也是「情」字在前。「情」是情緒化的，生意做得成做不成要看我們之間的「情」和「關係」到甚麼程度，以及你對「我」侍候到甚麼程度而定。你做得不好，或做得不對，因為我們有「情」，我得包容或擔待，否則就「不夠朋友」了。

美國是法治社會所以講「法、理、情」，因此做起生意來是「法」字在前。「法」是理智的，生意做得成或做不成要看你的實力，雙方條件及他所能得到的「利」而定。定了，就要簽合約（Contract），日後發生利益衝突或糾紛，合約就是上法庭給法官看的証據。你跟美國人定合約的時候，所有的細節你都得想到。

「情」對美國人來說，是你把一切按合約做好，做對以後才有「情」。

「情，理，法」是「先君子，後小人」，「法，理，情」是「先小人，後君子」，這是中美二國人做人處事的最大不同點。

千萬不要你「以為……」

　　某年六月十五日，星期五，洛杉磯世界日報地方綜合版頭條刊出「華裔受警察侮辱事件又添一樁！」詳讀內容後深知道又是一件中美兩國人因為處事不同而起的誤解，並導致林秀琴女士後來的受辱。

　　在加州考駕照筆試，有一問題「行車速度六十里，應該距前面的車多少尺」。在高速公路上為防止反應時間不夠而發生追撞，所以車與車之間一定要保持相當的距離，一旦你開車距離前車太近就犯Tailgating，要吃罰單的。林秀琴女士正犯的是這一條，據林女士自己陳述說：「一名白人警員開警燈並示意要我出去。」

　　只要警車在你後車面閃起警燈，在內線快速道，你得立刻換線讓警車通過，你換了線，警車也換線並在你車後閃起警燈，那就是你得轉線並停於路邊，汽車熄火，雙手扶在方向盤上，等候警察前來問話，警察叫你怎麼做，你就怎麼做，不可以跟警察爭論，警察叫你在罰單上簽名，絕對不可以拒簽，拿到罰單心中不服可以上法庭做無罪（No guilty）申訴，服了，就繳罰款並上交通課取消記錄（十八個月一次）。不使自己的汽車保費增高。

　　絕大多數的美國人遵循此一規則，在罰單上簽字收下罰單，到此為止警察和林女士之間就沒有「誤解」。

　　但是警車在林女士後面閃起警示燈後，林女士說：「我原以為是警察要我讓道，或是向別人示意，並覺得自己沒有犯規，而猶豫了一下，但發現這名警察正在背後拼命地叫罵，我覺得警察是針對我，因而趕緊將車開到路旁的緊急停車道停下。」

警車在你車後閃起警燈，就是向你示意，只有你知道，你前面一部車絕對不知道。但是林女士「以為……」，「並覺得……」，而不停車，這使美國察察「認為她是故意的，所以在背後拼命地叫罵」。

這時她才警覺到是針對她，趕緊把車停到路邊，為時已晚，因為惹火了警察，所以警察「氣沖沖地嚷嚷要狠狠罰她（Big fine）。」

如果林女士鎮靜而誠懇的向警察道歉，請他不要生氣，並解釋自己不是故意不停車的原因，警察氣歸氣，罰單照開，事情到此也就是這樣了。但是林女士的後續動作犯了不聽警察命令的大忌。林女士說：「我交出駕駛執照，汽車牌照等資料讓警員抄寫時，覺得我將車停得太靠行車道，便上車想將車駕駛到遠離車道的地方，但我剛停好時，警察馬上走上前將我全身搜查，將汽車全部翻搜一遍，並將汽車鎖匙拿走。」

這時你是「犯法的人」，汽車熄火，兩手放在方向盤上等候警察的處置。

林女士「覺得……」自作主張把車開走，這個動作傷了警察的「自重感」──你是根本不把我放在眼裡，他直覺反應是你要「逃」或是車裡有「槍」或「毒品」。所以搜林女士的身和車內。（關於這一點請看洛杉磯地區星期一至星期五，每晚七至七點半 CBS 電視台的「Highway Patrol」節目，你一定有概念。）

林女士應該向警察說明：「車停得太靠近行車道，很危險，並請求：「可不可以把車開到裡面一點？」警察說「可以」再開，警察說：「不行」，停在那兒別動。」

林女士沒有問就把車開走，招致警察的「誤解」。

身和車都搜了，汽車鎖匙也拿了，坐在車裡等拿到罰單再說吧，事情到此還不致於惡化。但是林女士說：「由於我從未經歷過這一場

面，便想打電話向夫婿求助，當我跑到高速公路上的電話打電話時，這位警察一手將我拉住，把我推倒在地上，然後反手將我銬起來。」

林女士這一個突然跑上高速公路要打電話的行動，警察立即的反應是「她逃了」（關於這一點請看洛杉磯 FOX 電視台星期一到五晚上十一點到十一點半，星期六晚上八點到九點 COPS 節目，你一定有概念），於是不加思考的「追」，追上以後就是按倒銬手銬，這是一連串的動作，到此，事情真正惡化。

林女士被警察逮到拘留所以後的事，我沒資格評論誰是誰非，那是法官的職責。我唯一想跟大家談的是「好漢不吃眼前虧」。不想「吃眼前虧」就得瞭解美國人處事的方法，不瞭解美國人處事的方法，惹得美國人制止或制裁我們的時候就「吃了眼前虧，變成華裔受辱」，是這樣的嗎？！

16 或 17 年前有位仁兄帶著叉燒上了紐約地鐵車內就吃起來，旁邊老美予以制止，這位仁兄認為老美干涉他的「只要我高興有甚麼不可以」而吵起來，於是老美把地鐵警察找來，地鐵警察立刻開出一張罰單給這位仁兄制裁他！

這位仁兄告到紐約中華會館說美國警察「種族歧視」。中華會館一問才知道「紐約地鐵車內禁止吃喝，違規者受罰，警察開出的罰單是罰他在地鐵車內吃叉燒！」

為了「好漢不吃眼前虧」，要多學，多問，多看美國人處事的方法。千萬不可以「我以為……」，「我覺得……」，「我高興……」，如果這樣，一旦「好漢吃了眼前虧」，後面的事就很難說了。

在美國是做虛弄假聰明？還是誠實守法聰明？

　　2004 年 9 月 4 日星期六，世界日報兩岸焦點 A4 版刊出四張照片，標題是《照片政治學》。「權力消長，影像看分明」。

上面兩幅照片解說：

　　兩岸都有偽造歷史照片的紀錄。在上圖為蔣介石總統（後中）早年擔任黃埔軍校校長時與國父孫中山合影，兩旁站有軍事總教官何應欽（左）和訓練部主任王柏齡（右）。右上圖翻攝自李敖笑傲江湖電視節目，李敖在其節目中指出，照片變成蔣介石與國父孫中山的合照，其他兩人不見了（本報台北傳真）。

請仔細想想：

　　台灣有蔣中正這樣為「權力」而做虛弄假的領袖，你期望李登輝成為華盛頓，盼望陳水扁成為湯瑪斯，傑弗遜嗎？做夢！

　　連戰和宋楚瑜是美國大學的政治學博士，一回到台灣就變成政治學「搏」士了！

　　中共早年政治人物被鬥倒，下台命運也像照片和文章一樣消失不見了，在下圖是中國大陸前國家主席劉少奇（右一）與毛澤東（右二）到機場為周恩來（左二）接機；但在下圖中的照片顯示，毛澤東發動文化大革命後，接機照片中的劉少奇就消失了。（本報台北傳真）

　　再翻回到同一天頭版條新聞標題「胡江權鬥，珍貴史料做手腳」，副標題：「鄧小平胡錦濤握手照片，江澤民離奇『消失』」；傳江

自訂時間表交軍權。」

照片解說：

8 月 19 日，新華社旗下的「瞭望東方」周刊發表了 1992 年鄧小平（右二）與胡錦濤（右四）握手的照片。可以看到兩人中間站著江澤民，後面還有喬石及會見人群（上圖）。然而在新華社同月發佈的照片中，江澤民等人全部消失（左圖）。**翻拍自網站**

大陸有毛澤東這樣集歷代帝王「掌權術」於一身的領袖，所以人民才會有大鳴大放，三反五反，大躍進，三年自然災害和文化大革命這樣的多災多難。本旁觀者看共產黨為「權力」殺的中國人比中國任何一個朝代殺的人都多得多！為爭奪「權力」的兇狠，中國人是勇於「上行下效」的呀！

連民族救星和太陽都做虛弄假，撒謊欺騙，中國人民能誠信守法？一旦你在美國使出做虛弄假，撒謊欺騙，那是自己給自己找麻煩，絕對不是聰明！

猶太人開店做生意，他們賺一千元，他們用一千二百報稅。中國人賺一千元用二百元甚至不賺錢報稅，結果是：猶太人向銀行借錢時，拿得出借錢還得起的報稅憑証，所以生意可以愈做愈大。中國人向銀行借錢時，拿不出借錢還得起的憑証，銀行不借，生意做不大！

猶太人賣店的時候，因為賺錢，所以賣價高，那一國的人來買都可以看稅表，市場大。中國人賣店只能賣給中國人市場小。

出了車禍，猶太人因為賺錢，所以是有價值的人，撞傷他的人要賠償他的損失。中國人被撞傷，對方的律師問：「你的店根本不賺

錢，賠你什麼？！」啞巴吃黃蓮，有苦說不出啦！

　　猶太人付過稅以後的錢可以光明正大的投資。你把錢藏起來變成不能見光的錢，結果是：如果 1974 年你藏一萬元現金，到 2004 年，30 年通貨膨脹是 90%，一萬元只剩下一千元購買力了。猶太人把這$10,000 付 30%的稅還有$7,000 元，而這$7,000 元投資在 EIA，每年平均回報率為 12%，根據 Rule of 72 經濟學公式，72÷利息=多少年你的錢變一倍，利息 12%，72÷12=6 年一倍，到 2004 年他在 EIA 帳戶中就有$224,000，1974 年 7,000 元可以買一部福特 Grand Marquis，2004 年要$30,000 元才能買一部，$224,000 元可以買七部！你只能買三分之一部。

　　你自己看看，是做虛弄假，撒謊欺騙聰明？還是誠實守法聰明？

美國是民主與法制的國家，絕對不要自認倒楣！

　　「欠債還錢，殺人償命」對中國人來說……那是天經地義的事，但是人治與專制政體竟然欠債的人把要債的人手或腿打斷而不受罰，被打斷手和腿的人自認倒楣，是無處伸訴呢？還是不知道去哪兒控告？

　　這種國家的領導人和官員在演說中經常引用前香港總督葛量洪說的：「21世紀是中國的」。中國的人治與專制政體培養欠債者打斷要債人手和腿的惡霸及被打斷手和腿的無可奈何的愚民，這種素質的國民能成為「21世紀是中國人的世紀」？騙誰呀，你相信嗎？

　　2004年11月2日星期二世界日報大陸新聞（三）右下方一大塊新聞，標題是：「討薪不成挨打，兄弟吃草維生，打工八個月只拿到1300元，追薪又被打斷手臂，兄弟倆流落街頭」。新聞的內容一開始【本報北京訊】大陸農民工遭雇主積欠工資問題，日益嚴重。繼日前七名拿不到工資的農民工集體自殺後，遼寧省瀋陽市又傳出一對兄弟遭雇主拖欠工資，流落街頭，以吃草根和撿垃圾箱的食物為生。

　　大陸「華商晨報」報導，今年初39歲的候榮立和33歲的表弟王海福到瀋陽打工，劉姓包工頭帶他們到瀋陽新檢電業公司工作，說好工錢一天30元人民幣。八個月過去，兄弟倆只拿到1300元，剩餘的3500元工資被劉姓包工頭扣住。

　　8月10日，兄弟倆向劉某要工資，結果哥哥被打斷手臂，兩人只好離開工地。討薪不成，兩人又渾身是傷，加上營養不良，無法再打工掙錢，只好睡公園、馬路邊，以撿來的食物為生。

　　兩天沒飯吃的弟弟，想起 10 年前曾在瀋陽為郝先生打工，於是打電話向老東家求救。郝先生和報社記者趕到兩兄弟居住的廢棄屋，只見三平方公尺的廢棄屋裡，又潮又黑，哥哥竟拔起身旁的枯草放進嘴裡吃起來。郝先生十分吃驚地問：「怎麼吃草？」弟弟含淚表示，兩人已經兩天沒吃飯了，現在他們只想回到老家。

　　拿不到錢的農民工在大陸各地都有案例，不僅瀋陽一地而已。10 月 31 日上午，廣州黃埔區南崗一處工地，十多名工人催討工資時，與老闆發生糾紛，隨後遭數十人圍打，造成九名工人受傷。

　　南方都市報報導，據當事工人李某表示，10 月 30 日上午，他們三十多人前往工地辦公室，向老闆催討被拖欠的六萬多元工資。在談判過程中，十多名貴州籍工人與老闆發生爭執，其餘工人見狀，先行離開。

　　後來，就出現水電班工人和保安四十多人，持棍子、鋼管、錘子等工具，闖入工地辦公室，追打手無寸鐵的討薪工人，九人遭圍毆，部分傷者腿部手腕骨折。」

　　美國是一個民主與法治的國家，在美國，把錢借給人時，請借錢人寫借據，一旦他不還錢，你就請律師在他房子上放 Lien，他要賣房子時，得先把本和利息付清給你或賣了房子由 Escrow 把欠你的本和利扣還給你。任何事都不要自認倒楣！

　　中國人一聽到打官司就努力搖頭。以這種不要打官司根深蒂固的觀念生活在美國，當意外發生時，就註定得自認倒楣啦！在美國，你可不要自認倒楣！

　　許坤國先生在專做裝油漆用的鐵皮桶製造廠（B.W. NORTON BFC. CO.）操作壓、滾、拉、切鐵皮的機器。這種機器只能使很薄

的鐵皮通過，有一天，許先生一不小心，右手除大拇指以外，其餘
四個指頭全被捲進機器，當場連骨帶皮壓碎，意外發生時，這部機
器已經用了十二年。

許先生送入醫院，住院二十四天，開刀三次，照中國人的想法，
這是自己不小心，保險公司連醫藥、開刀、住院費及休養期間的薪
水共賠了二萬三千六百元，已經不錯了，其他的只有自認倒楣了！

許先生並沒有自認倒楣，他請了律師 BILL SMITH 先生控告芝
加哥 LETALL MFG. CO.機器製造廠。

BILL SMITH 先生聘請博士學位的機械專家，到工廠從各個角
度對著機器照相，然後鑒定出這部機器在有危險的地方，沒有明顯
的警告標誌。就憑這一點控告製造廠。

機械製造廠也請了律師來向許先生問意外發生的經過，並作了
詳細筆錄。

接下來，雙方律師協商，經過三個月，機器製造商答應賠償許
先生九萬元，但是許先生的律師堅持要賠十二萬，又過了兩個月，
機器製造廠答應賠償全部。

許先生服務工廠的保險公司，也要求機器製造廠賠償許先生的
十二萬元中取得他們支付的醫藥、開刀住院費及休養期間所支付的
薪水，共計二萬三千六百元。

等許先生的律師拿到機器製造廠的全額賠償以後，倒過來跟保
險公司協調，理由是：工廠對此意外事件也應該負部份責任，所以
不能付二萬三千六百元，協調到最後，付保險公司二千五百元了事。

114

　　從開始許先生不付一角律師費，一直到機器製造廠賠償十二萬以後，支付律師三分之一，四萬元，許先生得到八萬元的賠償。（這是一九七八年的八萬元，那時舊金山日落區的房子五、六萬一棟。）

　　在美國你可不要自認倒楣！

別忘了用一根指頭指著別人罵的時候，
還有三根手指指著自己！

很多人會說：「美國人種族歧視。」事實上全世界最種族歧視的就是中國人！

中國人在人治和專制的政體之下只有「大」和「小」，「上」和「下」，沒有平等。因為皇帝的權力大到無邊，每一個人都知道「伴君如伴虎」，只要皇帝「要……」就得給，絕對不能掃龍興……皇帝要建長城，全國就得建。皇帝要打高麗，全國就得打……皇帝只知道他有「我要……」的人性，從來不知道任何人都有「我要……」的人性。

「上行下效」，每一個中國人只要「上」和「大」就只知道「我要……」，「我可以，你不可以」，請仔細想想：

你是不是喜歡表達自己的意見？被大家尊重？被稱許和鼓勵？但是在人治和專制政體之下，只要碰上「大」和「上」，你的意見只能選 Yes，要是敢說出自己 No 的意見，你一定知道後果可怕，你從小活在這種不被尊重，做「好」不被稱許鼓勵，做「不好」就被打被罵的世界長大成人，自然而然養成「大」人歧視「小」人（官大一級壓死人），男人歧視女人（女人無才便是德），主人歧視僕人（寧給外人不給家奴），官歧視民，讀書人歧視不識字的人，有錢人看不起窮人，城裡人輕視鄉下人……的心理。當你用一根指頭指著美國人說：「美國人種族歧視時」，別忘了還有三根指頭指著自己！

　　台灣是你在基隆市放個屁，高雄市就能聞到臭味兒的小島，在這個小島上展現的歧視，你自己看看：

　　你把左手五個手指併攏伸出去，小姆指在最下面代表山地原住民，無名指代表客家人，中指代表閩南人，食指代表被共產黨打敗後逃到台灣的外省人，大姆指代表蔣中正家族和他御用的立法委員、國大代表和官員的外省人。在台灣這小小的島上竟然有五種階級的人，而且是一層看不起一層。

　　現在台灣人當家了，山地人和客家人的地位不變，外省人變成中指，閩南人變成食指，至於大姆指是李登輝或陳水扁的人馬，清一色閩南人！

　　只要你對不起我，坑我，壓我，我就「君子報仇十年不晚」，中國人報仇的心就是因為中國人治和專制沒有立足點平等，因此有「理」沒地方說，有「冤」沒地方訴，只好自己「報」——蔣中正統治台灣壓制台灣人，現在台灣人當家了就壓制外省人，被壓制的外省人變成「每日無權的小丈夫」，於是心生「共產黨打死台灣算了」，寧為玉碎不為瓦全的心理。

　　中國人「我要……」和「老子高興……」，而戳到美國人，美國人「幹回來 Fight back」，使老子不高興就是美國人種族歧視。身在羅馬，必照中國人做的去做，結果被美國人「K」，這「K」中國人的美國人必然是種族歧視。

　　在美國肯定有種族歧視，王安先生在他的傳記中說：「我不覺得美國人歧視我。」美國人歧視差勁的人！只要美國人說中國不好，不管那不好是不是事實，中國人就會「聞不好而怒」！

　　2004 年 3 月 10 日星期三世界日報頭版頭條新聞標題：「賀梅養父母談話，引發華人反彈，新聞內容：……堅持收養賀梅的貝克夫

婦說賀梅留在曼斐斯的生活，會比在中國大陸好得多，然而他們的觀點引起華人的不滿……」，貝克夫婦表示，賀梅與他們住在舒適的郊區住宅，而在中國大陸，女孩不受重視，被視為二等公民，指賀梅在大陸無法過像樣生活的說法激怒密切注意這場撫養權爭奪戰的華人……。

中國人說：「美國是兒童的樂園，中年人的戰場，老年人的墳墓」。照中國人的說法賀梅留在美國是留在「兒童樂園」，貝克夫婦說的沒錯，只是中國人一聽實話就情緒大壞！

我是第一個在台灣出版「為甚麼中國人會這樣？」在美國出版「在美生活須知」的中國人。我對中國人和美國人有深刻的瞭解，因此我站在一個旁觀者的立場大聲而清楚的告訴那些「打不過他們也不加入他們」，「身在羅馬，必定照中國人做的去做」，「入境絕不隨俗」的中國人說：「貝克夫婦說的都是實話，你們是標準不睜開眼看，不要看，不要學，當然也不用大腦思考的中國人，只用小腦直接情緒化的「聞不好而怒」。這樣在美國生活會快樂嗎？！」

姚明先生在美國走到那裡都不會受歧視，如果你受美國人歧視或挨美國人「K」，肯定你說的是「驢話」，做的是「驢事」！在罵美國人種族歧視之前，別忘了一根指頭指著別人的時候，還有三根指頭是指著自己的！

要學會「有話講，有屁放」，千萬別隱忍，

那不是美德！

三千年來中國的人治與專制政體把人壓得、治得、罵得、打得、
搖得以及教得「聽話」，「乖」，別反抗「大」人。官說：「伴君如伴
虎」，任何官為了維護自己的自尊或是職責而反對皇帝所言所行，因
而惹火皇帝，他不但會遭殺身之禍，還會滿門抄斬！膽敢反抗皇帝
的人，此人就是反賊，皇帝和皇帝養的官員就會滅他九族，這叫做
「斬草除根」！對於反賊的同夥是「寧可錯殺一百也不放過一個」！
官是皇帝養的奴才，但這些皇帝的奴才卻是人民的父母官，這人民
的父母官直接代表皇上來統治人民，因此人民見了官要下跪，官要
怎麼治他，整他，上刑搖他都可以，膽敢積冤不服出言頂撞或罵官，
他的結局會更慘！做官的下人如師爺、捕快（警察）或兵（人民管
兵得叫「軍爺」也是人民的「上頭」對民作威作福。人民之中的土
豪劣紳勾結權勢欺壓人民，最下等的地痞流氓也可以魚肉鄉里！人
民必須學習「小不忍則亂大謀」，「在人屋簷下焉能不低頭」，「各掃
門雪，休管他人瓦上霜」，「出頭先爛」等各式各樣的隱忍以免自己
和家人受到更大的傷害！

請仔細想想：

中國人的教育是打罵式的教育，所以俗語說：「棒打出孝子」。
「打」傷人自尊，罵得苛薄，傷人心靈。那被打被罵的兒女、學生、

119

「下」人等只有隱忍不能反抗。我們天長日久被父母大人打罵要隱忍，被流氓欺侮要隱忍，被「大」人欺壓要隱忍，看到不平要隱忍……這麼多的隱忍能使一個人「宰相肚裡能撐船嗎？」中國人心胸狹窄是因為太多的隱忍及整個社會在人治與專制政體之下沒有「包容」所形成的。中國人在「有理無處說，有冤無處訴」的社會中被「大」人欺壓死的，冤死的，屈死的，逼死的，害死的以及忍無可忍而同歸於盡的戲天天上演。中國人報仇小說和故事體材之豐世界第一！

2003 年 12 月 21~27 日的世界周刊裡，卓以定先生寫的「獨立，是我們一生努力的功課」。文中說：「……家庭大師 Virginia Satir 在 1983 年發現……，一個家庭中習慣由一人（或少數人）來發號施令，其他人需要僵化地配合，長期的不被尊重，也不感受價值，容易變成低自尊，如不改變，家庭成員代代都是低自尊……」。

三千年來中國都是由皇帝一個人發號施令，所有的中國人都得僵化地配合，因此中國人代代都是低自尊，低自尊的人必須學會受「大」及「強」人欺侮時得「逆來順受」，看見不平的事也得「少管閒事以免惹禍上身」，對「管」自己的人們所做的髒事，必須「沉默是金，不要批評」，任何加諸在中國人身上的不公，不義和虐待中國人都能隱忍，因此日本人說：「中國人活得像蟑螂！」

二次世界大戰後，以色列人對殺害猶太人的德國納粹黨追到天涯海角也要把他們逮到繩之以法，又在美國首都華盛頓 D.C.建立德國納粹屠殺猶太人博物館。

從九一八事變到 1945 年日本人投降止，中國人被日本人虐殺的人數比德國納粹殺的猶太人多得多。因為中國人隱忍和低自尊的個性，所以甚麼都沒有留下，「算了，不追究了！」

120

　　蔣中正先生說：「以德報怨」，所有的中國人都得沒有異議和放棄賠償。後來的毛澤東先生更「感謝日本人打中國」，當然也不要日本人賠償！2002 年中華民國退職總統李登輝先生說：「釣魚台屬於日本領土」。低自尊的國民產生低自尊的領袖，旁觀者只能搖頭嘆息啊！

　　美國是自由、民主、法治的國家，在制度之下，人人都有權利（Rights）表達他對某事贊成或反對，對某人說出自己對他/她的看法、意見、批評，甚至譏諷。因此美國人有集會、遊行、示威、罷工及評論的自由。

　　整個社會平等競爭，任何人都有「理」有處說，有「冤」有處訴，更有人「路見不平拔刀相助」。媒體記者對做髒事的官員會毫不留情的予以揭發，即使是美國總統也照掀！

　　個人有意見就說出來，願意就「Yes」，不願意就說「No」直接了當。因此你想在美國生活得快樂，絕對不要隱忍，更不能「沉默是金」！只要你付了錢，對方做的使你不滿意，你就要講出來，那裡不滿意；不願意就說「No」；在公司或政府機構只要是你的功勞，你就大聲的告訴大家是你完成的；想要的職位如銷售經理就說出來讓上級知道，總而言之你必須學會「有話講，有屁放」！因為美國人都是這樣，你要生活得快樂，你就得照美國人的說法和做法去做！

人治社會是有權力的「大」人說了算，
因此在不同的舞台要用不同的表演方式

「關係」對中國人來說是非常重要，要辦一件與政府有關的事，必須要「關照」說項。

「關係」對美國人來說沒有用！他們認為政府是替大家辦事的地方，政府官員是拿大家付的稅，當然要為大家做事！

在中國的人生舞台上，我們非常熟習自己所扮演的角色，一旦來到美國，在美國人生舞台上，他們的「表演」方式與我們是一百八十度的不同，只有學習他們表演方式的人，才能與他們同台「演出」。現在我們來比較一下中美兩國人「表演方式」。

中國人表演靠關係，美國人演出靠實力。

關係對中國人來說非常重要，要辦一件與政府有關的事得問「你跟 XX 部，XX 局有沒有關係？」或是「你在 XX 部，XX 局有沒有熟人打聲招呼」，被託的人說：「有，XX 部長的秘書是我同學（或表弟，親戚）等」，要辦事的人說：「我有這麼一件事……，請幫我關照一聲」。要辦事的人和被託的人「關係」夠好，被託的人十之八九會承諾去「關照，說項」。

這種「關照和說項」，往往又可以顛倒黑白；大事化小，小事化無；使「Yes」變成「No」或使「No」變成「Yes」，這叫做「朝中有人好辦事。」

至於個人要成為「大演員」，「中演員」要看他的「關係」，找好
了「關係」，很快就成為「大演員」。

「關係」對美國人來說沒有用！他們認為政府是替大家辦事的
人，只要按照已定的規則，自己去填表格申請就是了，自己不懂，
可以找專門辦這種事的部門替你辦，付錢就是了！

舉例：

在中國，想當電視演員

中國人找立法委員，管電視台業務的大亨（官位愈大，愈現管
也愈有用），寫八行書和推薦書信，用「關係」迫使電視台接受他成
為電視演員。如果電視台不接受，後果恐怕「吃不了兜著走！」

在美國，想當電視演員

自己到洛杉磯好萊塢日落大道，翻開電話簿，找專門介紹演員
的經紀，把自己在那裡受過表演訓練，演出過甚麼舞台劇或電影等
的學經歷（Resume）交給經紀，雙方訂立合約，經紀從他演出酬勞
中分 30% 或 40%，然後經紀人為他安排演出機會。

如果你跟美國總統是至親好友，你想進 IBM 工作，請總統幫你
「關照」一下，總統只能對 IBM 的主事者說：「能不能給我一個
Favour（恩寵）？」

主管人用你是 Do 總統的 Favour，二天就發現你沒有這個能力，
立刻請你走路！

在中國人生舞台上，能扮演到甚麼「角色」，「關係」為第一要素，
在美國人生舞台上，能扮演到什麼角色，百分之九十要靠自己實力。

中國人表演以「我」為尊，美國人表演以「對方」為尊。

中國人和老師請學生，主管請部下吃飯是以我為尊，所以「長」說：「明天晚上來我家吃便飯」或「明天晚上你到 XX 餐館吃飯」，學生或部下不可以也不敢推辭，否則會使「我」龍心不悅，認為「你不識抬舉！」

美國人請客吃飯是以被邀請的人為尊，他要先問：「明天晚上你可不可以來我家吃飯？」或「明天晚上我想在 XX 餐館請你吃，可以嗎？」被邀請的人願意去當然說「Yes」，不能去就說：「明天有事不能去」。既然是你請我吃飯，我可以告訴你，「後天晚上行不行？」（後天晚上我可以，你可以不可以呢？）美國人的「我」是雙向的。

中國人是「我」直接問你個人的私事，如「你房子多少錢買的？」「你每個月賺多少錢？」「那個住在你家裡的女孩子是你甚麼人？」被問的人不好意思給你釘子碰。這種「台詞」立刻引起美國人的反感。

美國人問到個人私事的時候，要先禮貌的聲明如果你不介意，我可不可以問你一個問題？對方說：「可以」，你再問：「你的房子是多少錢買的？」或是「我只是好奇」，如果你不願意回答就說「不關你的事 None of your business」。對方說：「可以」，你再問：「住在你家裡的那位女孩子是你太太嗎？」

中國人表演時「面子」很重要，美國人表演時「實際」很重要。

中國人的面子往往是「一張紙上畫一個鼻子，好大的面子！」這個面子在政治、經濟，日常生活裡都無所不在其極，你聽過這樣的「台詞」嗎？「把罰單給我，我去了就銷掉了，這點小事做不到就太沒面子！」「我跟他講，他不會不賣我面子！」「我先乾，給不給面子在你了！」，「你請她，她不出來，太沒面子了」！中國人的

面子是「我」壓得住你，我就有面子，「我」壓不住你，我就沒面子，為了這誰能壓住誰，莫名其妙的面子，中國人可以反臉成仇，甚至殺人！

美國人的面子只在於個人和家庭，李政道、楊振寧、丁肇中、李遠哲四位先生得到諾貝爾獎，面子十足，這種面子是個人憑真才實學得到的！

前後左右的鄰居都把前後院整理得乾乾淨淨，偏偏王定和就是不整，家家鄰居開林肯、鵬馳（賓士），就是王定和開三流車，在鄰里之間，王定和的面子就差多了！

中國人還有一種虛偽的面子，那就是沒錢裝有錢，一個中國人會不會進了餐館問：「我有五元錢能吃甚麼？」進了醫院對醫生說：「我只有政府的醫療卡，我沒有錢！」你我都是中國人，當然知道這是沒面子的話。

但是美國人問和說這種話非常自然！

如果我們希望在美國人生舞台上「表演」得愉快一點，最簡單的辦法就是把我們習慣表演和說台詞的方式轉一百八十度：

中國人「關係」很重要，美國人實力很重要。

中國人以「我」為尊，單方面，美國人我的「我」和你的「我」一樣大，雙方面。

中國人直接問個人私事，美國人要先禮貌請問「能不能問」。

中國人「面子」範圍很大，是壓力的，虛偽的，美國人的「面子」是個人實力掙的，範圍很小。希望你能舉一反三而「知己知彼，百戰百勝」！

美國人真的窮嗎？

常聽中國人說：「美國人怎麼這麼窮？」

能來美國住的中國人，百分之七八十是有點錢的人，也許帶來三五十萬，也許上百萬，來到美國以後，卻住在美國中下層區，所接觸到的美國人也是中下層人，於是有點錢的中國大爺發出感嘆「美國人怎麼這麼窮」？並發出很瞧他們不起的神情。

要比，應該是「上駟」對「上駟」，如果你認為自己是有錢的人，你應該住到真正有錢人的區，只洛杉磯一地，中國有錢大爺有幾個人擁有遊艇和飛機的？相信數都可以數得出來！

中國的上駟要跟美國的上駟比，偏偏去跟美國的下駟比，當然很了不起！

要比奢華，中國有錢大爺聽過古柯鹼派對嗎（Cocaine Party）？

有些有錢的美國人，已經錢多到不知道怎麼花了，為了表示自己有錢，拿一、二十萬現金買古柯鹼來招待朋友開 Party，貴閣下還不至於有錢到這種程度吧！？

美國有錢人過的生活，怕會使有點錢的中國大爺瞠目結舌，不相信就到比華利山，棕櫚泉這些地方去見識見識，大概不敢再說：「美國人怎麼這麼窮了！」

別忘了美國人的平均年收入是 $25,000 元，中國人的平均年收入是多少？

在下駟區擺出大爺有錢的架式，除了招致正常美國人的反感以外，對那些各國來到美國不正常的「美國人」，你就是被偷，被搶最好的目標！

　　幾年前，蒙得利公園市美國人把加油站賣掉以後，在窗戶上寫「最後一個離開蒙市的美國人，別忘了把國旗帶走」，中國人認為這種話是「種族岐視」。

　　「拳力統治」教育出來的子民最大的優點是──我的「我」可以任老子的意戳刺你的「我」，你的「我」被戳痛也不可以反戳回來，反戳回來就是使「我」沒有面子，膽敢造反！你活得不耐煩了是吧！？

　　你要賺「我」的錢，拿去！大爺有的是錢，買房子，二十萬，給你 Cash！買車三萬，給你 Cash！有錢的是大爺，要賺大爺錢的是「小三子」，中國人可以忍受大爺有錢的氣燄。

　　美國是「以法治理」，他們教育出來的孩子是每一個人的「我」都一樣大。一旦美國人的「我」戳到別人的「我」，別人的「我」立刻反戳回來！美國人知道我的「我」戳到別人的「我」了，他們馬上會修正自己的「我」。一旦老中的「我」被老美反戳回來，我敢跟你賭，老中不是怔在那裡不知如何對付，就是惱羞成怒！

　　基於人人的「我」一樣大，所以美國人大家彼此尊重，中國有錢大爺哪裡瞭解這一點，對中國人使出氣燄，中國人「和氣生財」認了！對美國人使出氣燄，美國人「顧客總是對的」！讓我賺錢，我就憋住，你又沒讓美國人賺錢，偏偏又擺出「你們美國人怎麼那麼窮？」的嘴臉，美國人會對我們有好感才怪！錢賺到手，但是對你那種氣燄，美國人憋不住，於是發洩在「最後一個離開蒙市的美國人別忘了把國旗帶走」上。

　　「拳力統治」教育出來的「龍」還有一個更大的優點，就是直覺反省別人戳「我」他就有「錯」──這種人的錯不但要用五百倍放大鏡去看，還要放在五千倍電子顯微鏡下看，咦！老子又不是不

127

給你錢，你寫這種標語不是種族歧視是甚麼？！

大爺，你再仔細回想一下，你給錢的時候是用「丟」的，還是輕輕「放」的，你用「丟」的就不要怪人家會寫這種標語，因為錢是好的，氣燄難忍！你用輕輕「放」的是尊重對方，被尊重的人會寫這種標語嗎？！

在這裡，兄弟提醒您，就算是美國「餓死了」，也是「餓死的駱駝比馬大」，您的錢是「吃撐死的馬」，但跟美國「餓死的駱駝」來比，貴閣下還是小了一點！實在用不著擺出一付「你們美國人怎麼這麼窮」的架式。

你有沒有想過「為甚麼印尼、馬來西亞、菲律賓有種族衝突」？一有種族衝突，中國人就遭殃。有一位菲律賓華僑告訴我，中國人太囂張，在窮人面前擺出大爺有錢的架式，這種「架式」使當地人難以忍受。

當然，美國還不致於發生這種「排華的種族衝突，可是在沒錢美國人區擺出這種「大爺有錢的架式」，你自己反過來想想吧！反省的意思是想想自己有甚麼不對的地方，不是用五千倍放大鏡去看別人的「反應」！

「劣根性」不要只知其一，不知其二

　　某年三月十八日「世界周刊易理先生就劉賓雁先生在紐約東北同鄉會演講說「……中國人的劣根性……」一事提出反駁。」

　　易理先生說：「六十年代我從台灣移民美國，看到地方報紙稱揚當地中國人的傳統勤儉樸實，少年犯罪幾乎沒有……七十年代又常有統計發表，中國兒童在學成績優良，中國人家庭收入竟比美國平均數為高……」。各位應該瞭解，美國記者看到的這些是「果」，他們沒看見「因」。

　　在美國，幾乎每一個中國城早期都建在白人不要住的地方！以舊金山市為例，中國城的下邊三條街就是垃圾場（現在改建為大樓），一九六〇年代中國人只聚集在 Grant Ave.一條街上，中國孩子不敢越界，因為上一條街是 Stockton，是意大利人區，一越界就被揍，孩子也不敢去學校，去學校也是被欺侮。

　　那年頭來美國的華僑，在中國的時候也是為一日三餐一宿而勞苦終日。來到美國，英文不會看，不會說，不會寫，只能做苦力工作，做苦力工作不勤儉行嗎？！

　　再說，中國移民美國的配額一年只有一百五十名。移民到岸的華人還被先關入舊金山外海的天使島等候身世調查。（天使島現在開放供人參觀）。

　　中國人聚集在那小小的範圍內，又天性和平——逆來順受。因此，中國人是被逼得非「好」不可！

　　一九六五年，甘迺迪總統簽署「人權法案」——使家庭團聚，從此以後中國人才慢慢移民美國，如今大量移入美國的華人表現如何？！

　　一九七〇年代前後來美的中國人，有很多是中國的英才—留學
美國的高知識人士，得到美國大學的碩士或博士學位後進入美國社
會工作。英文說：「Knowledge is the Power 知識即力量」，有知識當
然收入高！

　　再來，留學生與留學生結婚，生下來的孩子自己會教英文數學，
父母是有知識的，因此，兒女在學校成績好也是理所當然的。

　　但是許許多多的碩士和博士受中國「只問耕耘，不問收穫」的
思想控制，成天埋首工作而不瞭解人際關係和人與人之間的政治關
連的重要性，一到中年，遇上美國人玩 Peter's principle 花招的時候，
中國人被 Peter's principle 玩掉的，多的是！

　　六〇和七〇年代中國人的「好」是與環境和個人條件有關，與
「劣根性」無關。

　　中國人的「劣根性」發源於公元前四五百年，就是秦始皇時代，
那時候中國人感染一種「濾過性皇帝病毒」，這種病毒遲至公元一九
九〇年才由中國病理專家王定和先生發現，這種病毒與中國人的「劣
根性」密不可分。

　　「濾過性皇帝病毒」專門潛伏在人的大腦裡，像極細密的網一
樣，把人的思考力、判斷力、創造力、智慧甚至人性善都阻住出不
來，使人有大腦等於沒有！

　　因為大腦失去功用，所以小腦特別發達，小腦只發揮「我」最
大——「順我者昌，逆我者亡」！由此可見「濾過性皇帝病毒」是
一種很毒的病毒，感染這種病毒的人，必然出現非常明顯的「病毒
徵狀」，你一看他的言行就知道他鐵定有「濾過性皇帝病毒」：

　　「我就是神，我說一年準備，二年反攻，三年掃蕩，五年成功。」

老子說的是「神話」，你們非信不可！

你敢組反對黨來反對「我」！我看你活得不耐煩了，來人哪，把他關起來！

「我說：漢賊不兩立，你說：聯合國二個中國，你給我滾！」

你們不要說見到「我」，就是提到「我」，站著的要立正，坐著的要挺胸，知道嗎？！「我」隨老子高興，對你要打就打，要罵就罵，你的人格和自尊是甚麼東西？！多了！多了！舉凡不經過大腦，直接由小腦主控的言行，都是只有「我」沒有別人；「我」把「老蕃」「黑鬼」掛在嘴邊，張口就說。咦！你演「龍年」歧視！要求別人的多，反省自己則沒有。「你們不守公共道德，沒公德心，自私自利！」咦！「我」怎麼可以守公共道德？！怎麼能跟他們一樣，「我」是例外！人人都要為「我」，容忍「我」，「我」不會為你，也不容忍你們逼「我」下台？！老子就是不下，還要幹下去！多了！多了！

常言說「事實勝於雄辯」，「我」不用大腦，你們也不准用大腦，誰敢用大腦誰就倒楣！方勵之先生用大腦，結果就是稍息一邊涼快！

英文說：「One who earns the respect 受人尊敬是自己賺來的」。一個人或一個民族受不受別人尊敬，不是自吹自擂的，是由別人來評定的。美國有二位鄰居，一位是墨西哥，一位是加拿大人，美墨邊境不但設鐵絲網，高牆和挖巨溝，還有邊界警察使用各種儀器監看，逮捕和遣回偷渡者。對加拿大就沒這回事！

加拿大人用大腦使美國人尊敬，墨西哥人用小腦「老鼠生的兒子會打洞」，因此，使美國人對他們很感冒。中國人被「濾過性皇帝病毒」折磨了三千年，小腦變得發達「異常」，這才是中國人的悲哀！

唯一能治療「濾過性皇帝病毒」的藥方是自由、民主、法治和教育，服用這藥方的民族，不但政治和經濟穩定，就是日光、空氣和水也乾淨得多！

神經病與精神病

某年一月二十四、二十五日二天看了由王絹絹女士所寫的「尊重與自重」，個人認為王女士很溫和的指出一種「病態」──不知自重，不懂尊人，我所要說的是這種「病態」是怎麼得的？！

任何一種只有「家奴」（從宰相到捕快）和「奴家」（奴隸之家，即老百姓）的社會，都是除了被大家喊「萬歲」的那個人是「人」以外，其他的全不是人！

所有人的自尊，任由官大一級和長輩一級的人侮蔑，摧殘和泯滅。稍有反抗就是「冒犯龍顏」，「大膽，膽敢頂撞本官，來人哪！」「對長輩不遜」，於是「君令臣死，臣不敢不死，父命子亡，子不敢不亡。」在這種社會裡成長的人不准許有「自尊」！

但是人性裡有被尊重的慾望，可是在強烈侮蔑，摧殘和泯滅人性被尊重的慾望之下，造成整個社會的人不是神經病就是精神病。神經病是瘋了，大腦小腦都失去功能，或哭，或鬧或逞兇，這種人要關入「病院」。精神病是大腦失去思考的功能，由小腦代替大腦發展出一種很強的補償作用，這種補償作用就是「我」最大、最深、最強。一旦你比我「大」，我的「我」就變小，在你面前矮半截。要是我比你「大」，我的「我」就「大！大！大！」

小腦只能分辨誰「大」和「現官現管」，卻不能分辨權利義務，黑白對錯！因此，精神病人最大的特徵是只有「自我（Ego）」而沒有「超自我 "Super Ego"」（道德約束自我 Ego）這種人表現出的言行是：我對我的父母可以不孝，但是「我」的兒女對「我」要百依百順，要「王祥臥鯉」，要「割股療饑」，否則就是對「我」大逆不道！

我說：「一加一等於二」就是二！你絕對不准問「為甚麼等於二不等於三？」敢問問題就是對「我」不敬。修理！

「我」賞你一口飯吃，你要聽「我」使喚，教你幹甚麼，你才能幹甚麼，不向「我」請示就膽敢自作主張，滾！

「我」就是要當下去，就是不退！甚麼沒有民意基礎，沒有民意基礎又怎樣？！

這種精神病的特徵多了，舉不完的例子！

生活在美國，按理「沒吃過豬肉，也應該看過豬走路！」事實不然，「吃過豬肉，也看過豬走路」，我就是「大」！

我是銀行董事長，「我」高興怎樣就怎樣，陪審團裁定我22項控罪全部成立，法官判我坐牢五年，「我」還是對的！「我」沒有錯！

全世界都抵制和撻伐中共殺人，「我」偏要捧場，你們十二個人擲筆拒編，「我」用廣告補版，照樣出報！

你們罷免我，「我」把銀行錢全部提光，「我」當不成主席，你也別當！

這些讀過聖賢書，還受美式教育的人，「我」仍然這麼大，這麼深，這麼強，在「我」心裡，那有空隙對你「尊重」呢？高知識份子尚且如此，低知識份子就不用說了！

「拳力統治」社會，造就出極為龐大的精神病群，有精神病的人，絕不承認自己有「病」，不但如此，也不看，也不學，也不問，反正「老子就是這樣」，因為「老子就是這樣」而戳到別人，被別人反刺回來，要是你我，他就「咦！不給面子，老子比你更大聲，也不給你面子！」要是反戳回去的是美國人，他就用五千倍放大鏡對著我們大叫「你看，美國人種族歧視！」「我」戳任何人都是應該的，誰反戳回來，誰就是王八旦！

　　只有四年一選總統的國家，他們的人民才瞭解人與人之間要彼此「自尊尊人，一個可以不管憲法，增加臨時條款，一幹就是六任總統，死啦！兒子還要再幹三任的國家，接班人對大家宣稱只做一任就不做了，結果照樣做下去，這種國家的人民瞭解的是人與人之間要「胡來、瞎來、亂來、甚至蠻來！」膽敢反抗我，叫我下台，你活得不耐煩了，殺！這種國家的國民瞭解的是人與人之間要胡搞、瞎搞、亂搞、甚至蠻搞！」在「拳力統治」之下誰要有原則，有立場，有思想，明對錯，知是非，誰的身心就要受到摧殘—被砍頭、絞死、暗殺，坐非常不人道的牢！沒有原則，沒有立場，不用大腦，只要「老大」指黑為白，說白是黑，對的就是錯的，錯的就是對的，我就立正同意，並努力執行，這些人都成了「大亨」。

　　成不了大亨的人，都得學走正路，所謂「正路」是慈禧太后是李蓮英先生的「正路」，李蓮英先生是很多大官的「正路」，大官們是軍公教商等各種人的「正路」，這樣一個人人走「正路」的社會，准許人有「自尊」和「自重感」嗎？！會尊重人嗎？！

　　常言說：「龍生龍，鳳生鳳，老鼠生的兒子會打洞」。王定和這種人明明是在只會「打洞」的社會裡長大的，他的言行如同「打洞」的動物，卻硬說他是「龍」！不是精神病是甚麼？！

　　王先生，奉勸你用用大腦注意看美國人怎麼說，怎麼做，好好學習美國事，誠懇向美國人請教，從基礎學起，做起，使「我」變小、變淺、變弱、從此不再「打洞」，我的言行也不可以刺到任何人。這時才精神正常，精神正常的人才懂得「自尊尊人」。

　　只會「打洞」，「我」又無限大的戳到別人，我是不會對你怎樣，可是王先生，我要提醒你，早晚有一天，你會被美國人的「老鼠夾」打得痛徹心肺！

　　金洋銀行老闆是紐約州執業律師，但仍保有「打洞」的習性和「我」最大、最深、最強的精神病態，雖然沒有被美國人的「老鼠夾」當場打死，相信他的後半生將在「痛徹心肺」中度過。

　　常言說：「好漢不吃眼前虧」，您要瞭解美國是一個高度權利義務和法治的國家，絕不容許人使出「打洞」的本領，也不接受「我」大的不管別人為所欲為的言行！

　　不論多有本事的好漢，一旦使出「打洞」的本領和「我」最大不管別人的言行，必然要吃「眼前虧」的！

　　好好想想吧！

為什麼有真本事，真功夫的中國人打不進美國社會？

從隋陽帝開科取士開始，中國讀書人的思想就進入了「礦坑」，到了明朝更惡劣，考科舉的讀書人要以朱熹註的四書五經為準，讀書人的思想就進入了「陰溝」，如今的聯考制度是使讀書人進入「散兵坑」──可以「看」，卻看不遠，所以「近視眼」特別多。

中國人就是讀書，讀書，因為「書中自有顏如玉，書中自有黃金屋」，「萬般皆下品，惟有讀書高」，你知道台灣鄉下農人的諺語說：「書讀的愈高，屎呷的愈多」嗎？呷卡多屎的人怎麼懂策劃！

中國之所以缺乏策劃人才，就是大家一起走入「讀書坑道」，在坑道裡久而不知其「臭」，也不知其「髒」，一旦有人告訴我們「外面有太陽」，我們就認為此人必是「妖言惑眾」，「非我同類」，必須誅之！

美國的教育沒有「坑道」，要不要讀死書進入自己所設的「坑道」，那是由個人自己決定。美國的教育極為注重培育領袖和策劃人才，美國有今天的成就，領導和策劃人才功不可沒！

有真本事，真功夫的中國人應該了解並運用美國的策劃人才來為自己打開一條康莊大道。

話說一九八九年四月二十八日，洛杉磯「世界日報」登了一則「銘謝中國功夫指壓接骨院江志成院長」的廣告，廣告內容是：銘謝中國功夫指壓/接骨院江志成院長

本人張益波去年十一月在工作時撞到鐵器，左手腕脫臼、腫大、

137

刺痛，不能轉腕，幾乎癱瘓，無法工作至今。在加拿大醫療一、二個月不見效果。故今年一月份專程到洛杉磯找跌打醫生。看了報上某接骨師登的大廣告，即前來求治，不幸連續二個月仍然不見好轉，每晚痛得無法睡覺，痛苦萬分，無法入眠。後經友人介紹找到中國功夫指壓，接骨院長江志成醫生，江醫生用奇特的功夫治療，僅一二次疼痛就明顯減輕，手也能活動。

再一周治療共五次，即疼痛完全消失，左手運轉自如。為了銘謝江大醫師特於4月7日在蒙市潮州洪泉珍海鮮酒家設宴感謝江醫師並招待記者，希望類似有關跌打損傷的病友，能早日找到真正高明，醫術高超的醫師，能早日脫離痛苦。

江志成醫師地址：

616N.GARFIELD AVE SUITE 201 MONTEREY PARK

電話：（818）307-1992

銘謝人張益波

加拿大山西超級市場 405JANNE ARE. #1, MONTREAL CANADA

一九八九年四月七日

根據「美國全國安全局搜集和公佈的資料說：在美國，每四秒鐘便會發生一宗意外，每六分鐘會有一個人因意外喪生。」

從這點看來，一天有24小時，是86,400秒，一宗意外一人受傷，一天就有21,600人意外受傷，一年有七百八十四萬人受傷。

假定一天有1%的人像張益波先生意外受傷治不好，一天有216人，一年有78,840人因意外受傷治不好，對江院長來說，這是一個龐大的市場！江院長每半小時看一個病人，一天看十二小時，也只能看二十四個人，一年三百六十五天不休息，也只能看8,766個人，

受不了！

這樣吧，這 78,840 人裡，有 0.5%是有錢的，就是 394 人，這 394 人裡，有 10%找上江院長而治好痛苦，就是 39 人，如果江院長把 49 人足球隊的分球名將蒙坦那的背傷治好，只要這一個，江院長這一輩子大概會忙不完了。

如何打開此一局面呢？

將治療經過寫成英文報告（美國有專門人才代醫生寫這種報告），要求加州大學醫學院合作（或任何大學醫學院）。

治療久傷不癒的籃球，足球，徑賽等運動員，由他們一傳十，十傳百。

被治好的名人開記者招待會予以推介。

只要你有真本事能治好病人的痛苦，能使人保護自己（如摔跤功夫），在美國這樣的社會裡，你就是被人需要而有成就的人！

江院長，每年至少有 78,840 人需要你，你唯一要做的事是找一位美國的策劃人才，讓他來幫你策劃，使大家知道你有這種本領，一旦打入美國市場，前途必然一片光明！

預祝所有有真本事，真功夫的同胞，目標美國市場進軍！順便提醒您：

美國的策劃人才是要付錢的，小錢不肯花，大錢休想賺！

為甚麼你會被 Lay off？

某年十月十九日洛杉磯「世界日報」，第二十七版刊出一則報導，「標題是『科技人員無故遭解聘，五華裔將採法律行動』」，細看內容「……，獲有博士學位的華人陳先生，還差三個月就滿五十五歲可以申請退休，在其工作單位年資最深，薪水最高，而且考績最好，結果他是小組裡第一個被解聘的人……」。

這種情況我敢斷言美國人玩的是 Peter's Principle 的遊戲，這種遊戲美國人都知道，只是中國人不知道。被 Peter's Principle 掉的人，一定要具備陳先生「年資最深，薪水最高和即將退休」這三大條件，這種遊戲的玩法是：

直接請你走路，要打官司，不怕！

把你調升成經理，做不好經理請你走路，你自感壓力太大自己請辭。

把你從 L.A.調到紐澤西州，沒二個月把你調到愛達荷州……，反正總有一個地方你不願意去，再見！你不幹了，再以你的高薪找二位新出校門的博士來榨。

「……，另一位在道格拉斯公司任職將近五年，擔任品質管理工作的萬先生，他在下班前一個鐘頭，接獲解職通知，他的單位五十多人，有許多是臨時僱員，結果他是小組裡第一個被解聘的人……」。

如果我的猜測不錯，萬先生在單位裡是沒有「表現」的人，所謂表現是有話就講，有屁就放，有功就爭，有意見就提，你不理我，我理你，而萬先生可能是「埋頭苦幹，只問耕耘不問收獲」和「只

要把工作做好就行」的人。遇到經濟不景氣，這樣沒有「表現」的人，鐵定優先被裁！

這場官司即使打贏了，結局仍是一樣——這裡不要人，調你去喬治亞州去不去？去！一個月以後調你去阿拉斯加州去不去？不去，再見！打官司已經是下下策了。

上上策是應該深切的瞭解，在美國這樣的社會裡，讀書得碩士和博士學位只是人生的 50%，另外的 50% 是人與人之間的「政治關係」。不論你工作考績多優良！只要人際關係差勁，你的工作就隨時會沒有！因為一個這麼大的公司，可能上千的博士，少你一個博士對公司不發生絲毫影響，少一位沒有「表現」的人，對公司更是 Nothing 了！基於此一因素，奉勸成千上萬的中國碩士和博士們改變一下自己的思想，請讀一本卡耐基先生著的「成功術與處世術 How To Win Friends And Influence People」，這本書早有中英對照本。

朋友，千萬不要錯把美國當中國，中國的「士」只講背景和靠山，不講人際關係，只要後台硬，得個美國大學博士學位就可以當部長，甚至可以做總統！而美國的「士」不是只會讀書讀的好就行了，要講人際關係的呀！不懂人際關係，你的工作隨時會首先被 Lay off（解僱）或是被 Peter's principle 掉！

為個人和家庭，敬愛的諸位碩士和博士朋友們，請讀讀這本「成功術與處世術」，一旦學會「贏得朋友和影響人們 To Win Friends And Influence People」才是上上策。與您共勉之。

要在美國生活得快樂嗎？得知己知彼才行哦！

從現在開始我不代表中國人，也不代表美國人，我是一個旁觀者看「中國人這樣，美國人那樣」。

中美兩國根本上不同

1776 年 7 月 4 日美國開國時，美國人選出 George Washington 做總統，喬治華盛頓奠定了美國的民主。第三任總統美國人選出 Thomas Jefferson，湯馬斯傑佛遜奠定了美國的法治。

民主是 49%的人說「No」，51%的人說「Yes」就 Yes 了，這是少數服從多數。人民做主的國家，人民就有權利（Rights），權利允許人民對執政者所做的事和所說的話予以批評，質疑，質問，甚至譴責。政府的「官」是人民納稅給他錢為大家辦事的，所以官是公僕，公僕要把人民當「人」看待。人民也要自己把自己當人看──人與人之間以禮貌相待，所以英文說：「One who earns the respect 一位受人尊敬的人是他賺來的。」大多數美國人活得有「品」有「格」，整個社會對是非、黑白、對錯有一定的標準。違反此社會標準者自取其辱。

法治就是市、郡、州，聯邦議會通過的法案交由執政者執行，如果市、郡、州議員立的法不被人民接受，人民就可以請州大法官根據此法已經牴觸州法而宣判無效，甚至告到聯邦大法官那裡，請聯邦大法官就此法已違背憲法而予以否決。法既定，人人都得遵守沒有例外！因此英文說「Rule is rule，規定就是規定」，任何人犯到

法規就由執法人員收集他犯法的證據後把他送上法庭，法院和法官都是獨立自主的，根據證據判他刑。美國人是有理有冤有地方訴，也有人幫他伸冤。

民主與法治使美國在二百年之內成為全世界最富有而超強的國家。

中國在三千年前堯、舜之後就出現皇帝，皇帝是「老子最大，叫誰死誰就得死，甚至殺你九族，幾十人幾百人！」從宰相到官兵都是皇帝拿民稅養的奴才，奴才拿皇帝給的錢。官要聽命於皇帝，官是人民的「父母」，百分之九十九的人民必須服從甚至屈從於百分之一的官，「官」就有「權力 power」，權力分大小，因此官場上說：「官大一級壓死人」──中國只培養權力，權力是絕對不准人民批評，質疑，質問執政的官。民也是按家族輩份和社會地位而有「大（上）」「小（下）」。所以要看誰「大（上）」誰「管」你，誰說的話就算數。因此中國人是不把人當人看的──自己作賤自己，因為對「大（上）」和「管」自己的人要卑躬屈膝，也作賤別人，比自己「小（下）」的人要對老子卑躬屈膝，中國人活得沒「品」沒「格」，整個社會只有「權力說了才算」，因此沒有是非、黑白、對錯。中國人只問「現官不如現管」，被「管」的人愈多，「管」的人愈「大」，也愈有「面子」。

在中國，全市的人民說「No」，市長說「Yes」就 Yes 了，縣長說「No」，那就從市長的「Yes」變成縣長的「No」，省長說「Yes」那就從縣長的「No」變成省長的「Yes」了，宰相說「No」那就從省長的「Yes」變成宰相的「No」了。皇帝說「Yes」才是「Yes」真正定案！這種人治和專制的國家就是誰「大」誰的話才算數。

1985 年 8 月 15 日中秋節正好是星期日，星期一補假一天，還是照常上班上課？台灣省主席不能說「Yes」，也不能說「No」，中

華民國行政院長也不能說「Yes」和「No」，得蔣經國總統說「補假一天」才做數！

中國的法規是由「大」人操縱的，「大」人要把你幹掉，明明沒犯法，「大」人教法官判你有罪，法官就得判你有罪，這叫做「奉命起訴」，你犯到大法，你有「大」人做後台，「大」人不准法官判你有罪，法官就不敢判你有罪，這叫做「奉命不起訴」。民間對「法」的說法是「衙門（法院）大門八字開，有理沒錢莫進來」。

中國人有理有冤沒處訴，所以中國人視去法院打官司為畏途。

三千年來中國是一個人治和專制的國家，這種國家是窮國，窮國教育出來的人民在品質，素質和氣質上與民主與法治國家培養出來的國民一比就一個字「差！」

如果你要在美國生活得快樂，你必須知道一個中國人說的不是人話，做的不是人事，你不能「說話」，你指他不對，你就使他沒有面子，你就得罪了他。常言說：「習慣成自然」如果你說的話和做的事讓美國人「反」你，他們絕對不會「沉默是金」，也不懂「出頭先爛」，一定會讓你覺得非常沒有面子！所以你必須知道權利（Rights）是大家的「我」一樣大，誰都不能戳到誰。權力（Power）是「我」最大，我的「我」隨時可以戳到你的「我」，一旦你戳到美國人的「我」，他們絕對會戳回來，你會瞠目結舌的！

哈佛大學校長說：

「學費很貴，但是你要為無知付出代價。」

「在美生活須知」這本書的第一句話就是「美國不是人間天堂」。「王公子開講」這本書裡問「美國移民局用八抬轎求我們移民美國嗎？」當然「不是！」是我們認為美國是人間天堂，因此我們想盡辦法要住在美國。

美國是兒童的樂園，中年人的戰場，老年人的墳墓。如果你身處戰場卻看不懂「武器說明書」（英文專業知識），不會收集「敵情」（美國人的風俗習慣，文化思想和生活方式等等），沒有辦法審問「俘虜」（不能用英文與美國人交談）。你肯定是「瞎子」（不會看英文），「聾子」（聽不懂英文）和「啞吧」（不會說英文），你只好住在美國中國人的「中國區」（中國人聚集的地方）繼續過吃中國飯，說中國話，看中文報和電視的生活。不要看，不想看，也不願看美國人怎麼說，怎麼做，當然也不學，如果是這樣，請不要說：「為兒女的教育，我們放棄國內一切，他們現在……」這樣抱怨的話，因為「兒女被你們犧牲」！

美國學校的老師只是幫你教育你子女的人，不是給你看、管和教導你家子女的人。看、管和教導孩子是父母的責任。因此孩子在成長的過程中遇到困難需要父母的幫助和教導，使子女的言行符合美國人的標準，做事的方式符合美國社會的要求。

因為你們不要學，不想學，也不願意學，所以你們既不能幫助兒女，也無法教導兒女，只能任由兒女長成什麼樣就是什麼樣了。

145

如果你真的是為兒女犧牲，你們夫妻就要住到美國人區，自己學的
不瞎、不聾、不啞，知道美國人那麼說，那麼做，同時也教兒女那
麼說，那麼做，跟兒女一起成長！

哈佛大學校長說：「學費很貴，但是你要為無知付出代價！」

1884年美國從芝加哥市開始，從中部到西部都市規劃的時候，
不是東邊最壞就是南邊最壞，所謂壞區就是住在那一區的人都窮
嘛。舊金山市東邊的田德隆區，金山灣區有名的私立史坦佛大學在
Palo Alto市，但是東Palo Alto是全灣區最壞的地方！洛杉磯市東邊
的Compton市1965年種族大暴動就在那裡，有功夫你到Compton
市去逛逛，你就知道什麼是壞區了。

您住在這種壞區的旁邊，自己開賓士、林肯、凱帝拉克等好車，
身上一把一把的現金，那不是明告訴窮鄰居「來搶我哦，我有錢哪！」
蒙德利公園市的警察捉到黑人搶匪問他「為什麼專搶華人？」搶匪
回答得乾脆「他們有錢」。

要表示您是有錢的大爺，你應該住到真正有錢人那一區，像是
比華利山莊（Beverly Hill）、馬里埔（Malibu）等，在那裡所有的人
都有錢，也沒有窮鄰居！

在美國生活得快樂與不快樂，不在於你帶來的錢多還是錢少，
也不在於你是美國大學的碩士或博士（美國人都知道什麼是Peter's
Principle，你問中國碩士和博士，太多人不知道什麼是 Peter's
Principle），在於你究竟對美國人和美國事知道和瞭解多少，你知道
的愈少，你就愈符合哈佛大學校長說的「你要為無知付出代價」！

如果你不要為無知付出代價，請你到長青書局買本「在美生活
須知」讀一讀，你會長很多「知」。順便買本「王公子開講」和「知
己知彼中國人這樣，美國人那樣」，你會「瞭解」自己也會「知道」

美國人。想在美國發財不必到處請人看風水算命，只要買本「投資，避稅，保護財產」仔細讀一讀並照著做，你就會因為有「知識」而小錢變大錢，大錢變更大的錢。知識使你在美國生活得好，生活得快樂，風水不行！算命更不行！

1979 年 5 月 6 日我移民美國時的條件是：42 歲，是不能教老狗玩新把戲的年齡，帶來的錢是$1,500，這錢是向同學兼同事現住紐約市的陳鐵輝先生借的，以國立政治大學教育系畢業的學歷，按美國標準早就被淘汰到垃圾堆裡去了。你的條件比我還差嗎？

24 年來，我不停的學，絕對不是老王賣瓜，只要你告訴我你有多少錢，我就能為你設計出一套完全符合你的財務計劃。一個好的財務顧問需要對美國社會有深度的瞭解，對投資和避稅有全盤的知識，對你一生心血賺來的錢提出保護的方法，而我就是這麼優秀的財務顧問。

今天我在美國生活得非常快樂，因為我知道中國人這樣，美國人那樣，見中國人說「中國話」，遇美國人說「美國話」。在中年人的戰場上我看得懂「武器說明書」，能收集並研判資料，能審問美國「俘虜」得到我要知道的答案和解決的方法再寫成書貢獻給大家，希望也切盼你少走冤枉路，不要浪費時間去摸索，更不必吃一次虧，上一次當，才能學一次乖，只要讀我寫的書就行了。祝您在美國生活得快樂！

要用大腦思考，不要用小腦直接反射！

看了你的來信，我知道你在美國生活得非常痛苦：

假定美國是一個「天體營」營內的男女老幼都不穿衣服，而你們一家人想盡了辦法進入這個天體營，你們不但不脫衣服，還批評天體營內的人「成何體統，不知羞恥，沒有衣冠的野人」，你們的兒女當然要穿衣服上學，兒女為了不受同學的排斥和嘲笑，只要你們一離開他們的視線，他們立刻脫光衣服！而你們在天體營內是永遠穿著衣服的「龍種」，美國人把你當怪物看，你也把美國人當怪物看，只有你才是有「五千年歷史文化，禮儀之邦」的人士，你在「野人堆裡」活得太痛苦了！

以我這個旁觀者看，你們國家的確有五千年歷史，但是文化嘛得分兩方面說，一種文化是有思想的，如道家，墨家，法家，陰陽家，縱橫家……等，一種是沒有思想的如琴、棋、字、畫、建築、陶瓷和雕刻等，中國有思想的文化只出現在春秋時代，秦始皇滅六國統一中國後，因為讀書人批評朝政，所以他下令把所有有思想的書統統燒掉，只留下農作和醫藥的書不燒，同時把讀書人挖個大坑全活埋了，誰都不准講學！文化是靠教育傳播的，請用大腦仔細想想：有思想的書燒了，讀書人死了，僥幸沒死的讀書人不准講學，文化要怎麼傳？！到了漢武帝，他從董仲舒之議罷黜百家獨尊儒術，全中國的讀書人只准讀孔子說的。隋煬帝開科取士，到了明朝規定「論語」非得朱熹解說的才算。你再用大腦想想：一個人說的話能是文化嗎？因此柏楊先生說：「中國文化是醬缸文化」，很多受教育的人變成「醬缸蛆」！

148

　　文化得靠教育傳播，1945年中國抗日戰爭勝利，那時中國有四萬萬五千萬人，全國各省、縣市、鎮的大、中、小學有多少？圖書館和博物館有多少？文盲的比例至少在百分之九十以上。今天中國有十二億人，中國當局說：「有一億文盲」，一個自稱自己是有「文化國家」的人，有沒有用大腦思考一下：「為什麼一個有文化的國家，她的省、縣市、鎮內的大、中、小學，圖書館及博物館那麼少？而文盲的比例卻那麼高？」

　　請你睜開眼看看美國各州、郡和市鎮的大、中、小學有多少？圖書館和博物館有多少？文盲的比例是百分之幾？比一比就知道誰是「實際文化」國家，誰是「口號文化」國家了，實際文化國家的國民用大腦，口號國家的國民用小腦反射。

　　至於說自己是「禮儀之邦，愛好和平」。我這旁觀者看，那是有「權力」的人為自己的面子教大家說的「口號」而已，請用大腦仔細想想，不要用小腦直接反射口號！

　　中國人治社會講的是「權力」，權力（power）講誰「大」誰說了算，誰「管」你，誰就「大」，所以中國是「官大一級壓死人」，「現官不如現管」。因此中國人是對比你「大」的人有禮，對「上」位的人有禮，對「強」人有禮。「大人」、「上位」和「強人」對「小人」、「下位」和「弱者」不要有禮，開口就罵，動手就打。你我二人沒有「大小」，「上下」和「強弱」之分，我們就誰都不甩誰！中國人對陌生人是冷漠、粗野和無禮的！在一個團體裡，雖然沒有「大小，上下、強弱」之分，但是要從學歷、職位，甚至家住那一區比出一個「大」「小」。

　　睜開眼看看是美國人對你有「禮」還是中國人對你有「禮」？你比一比就知道誰是真的「禮儀之邦」，誰是口號式的「禮儀之邦」。

中國人愛好和平嗎？

中國從有歷史記載開始，共有 4,300 年，在這 4,300 年裏，只有「春秋時代」，唐朝「貞觀之治」和清朝康熙之後總共大約 300 年是老百姓的好日子，其餘 4,000 年裏，不是天天打，就是年年打，愛好和平個屁！

秦將白起打敗了趙國，挖了一個大坑把趙國四十萬降兵活埋，歷史這麼說「坑趙卒四十萬於長平」。元朝打到歐洲，要不是颱風幫忙，日本也被元朝征服了。明朝征韓國（高麗）。清朝兵攻破明朝楊州城竟然屠城十日，攻入嘉定屠城三日。韓戰時中國軍隊把俘虜過來的美軍背著手綁起來從背後槍斃（你問問去台灣的「反共義士」，美軍是怎麼對待中共戰俘的？）文化大革命少殺人了嗎？請用大腦想想「中國人殺自己人不手軟，殺敵人也不會人道！」，旁觀者看「中國是個很殘忍的國家哦！」

中國人誠實嗎？

如果喬治，華盛頓是中國人，他用斧子砍倒他父親心愛的櫻桃樹，他父親問：「這是誰砍的？」喬治誠實：「是我砍的」，你是中國人，你必然知道喬治的結果是什麼—從此以後他就知道絕對不能說實話！30 年前，台灣刑警大隊向美國買了一台測謊器，第一次用，第二天全台灣報紙社會新聞版頭條大標題「刑警大隊測謊器失靈」。中國人睜眼說瞎話，是在人治及專制政體下訓練出來的。

美國人是相信你不說謊，一旦證實你說的是謊話，你就是自己害自己！

　　總而言之，美國是一個「天體營」，天體營內男女老幼不穿衣服是很自然的事，你偏要叫他們穿上衣服跟你一樣，他們是不理你的，美國人說：「打不過他們就加入他們 If you can't beat them, join them」，你是「打不過他們也不加入他們」，你在美國活得太痛苦囉！

151

不要有「妓女貞節症」哦！

　　三千年來，中國人治與專制的政體把人壓、罵、打、揍成「妓女個性」。這種個性是對「大」人做的不是人事，說的不是人話，我們只有沈默是金，逆來順受的隱忍，以免遭到大人對我們施予慘痛的報復和對待。台灣有一位白雅燦先生，競選國大代表的政見是「請公佈蔣中正遺產稅」，結果被送到專關政治犯的綠島去了。但在「權力」的教育下，又要我們立「貞節牌坊」以示有道德讓大家稱讚。請用大腦仔細想一想：

　　我們被逼的、罵的、打的、揍的做「妓女」，但在道德上又要我們忠孝節義的立「貞節牌坊」，我們沒有發瘋已經謝天謝地了！

　　這種要我們做「妓女」又要我們立「貞節牌坊」的人治與專制制度，使所有的中國人都得了一種叫「妓女貞節症」的病，這種病的症狀是：

　　一個人做見不得人的「事」或違法的「事」，但表面上還是清白無邪接受大家稱讚的。

　　四十歲上下的人都還記得我們讀國民小學的時候，上課時老師教的是「課外讀物」，等督學一來，老師叫我們把課外讀物收起來，把教課書拿上來。這一個動作就是教「騙」！可是父母，老師又要我們「誠實」，這種教育教出來的學生不得「妓女貞節症」才怪！中國人的人性遭到如此扭曲，難怪台灣有 70%的兒童不快樂，10%的兒童有自殘和自殺的傾向。

　　拉法葉艦案，新瑞都開發案，國安秘帳案，台綜院案，尹清楓命案等都跟李登輝先生有關，但是李登輝先生還是要做台灣民主先

生和台灣國國父受大家歡呼。您仔細想想，李先生的「妓女貞節症」
的病徵表現得夠明顯了吧！？

　　2003 年 11 月 27 日星期四「世界日報」頭條新聞標題是「敏感
科技違法輸中，高瞻認罪」，高瞻女士的所做所為就是 100%的「妓
女貞節症」。新聞內容說：「……向來毫不容情地批評中共政權的高
瞻，2001 年以台灣間諜的罪名遭大陸監禁……美國華府美利堅大學
國際關係學院院長古德曼（LEWIS GOODMEN）非常賣力的救援，
美國政府也向中共施壓以營救高瞻…兩年前高瞻以違反公理正義
的中共政權受害人姿態返回美國，受到人權鬥士，國會議員和媒
體熱列的歡迎」，這是何等的「貞節牌坊」！所有住在美國的中國
人都沾光！

　　「……高瞻因使用假名與美國公司聯繫，美國廠商發現後向政
府舉報，她這才承認曾非法向中國大陸出口美國禁止輸出的科技，
包括運送 80 個可用於飛彈發射控制系統的微處理器（MILITARY
INTER 486D *2 MICROPROCESSOR）……也承認逃稅……4 年收
取中國大陸 150 萬美元的酬勞……」這是何等見不得人的「妓女」
行為！

　　這件事讓美國社區媒體爭相報導，擁有廣大聽眾的 WTOP 新聞
電台更以「小心你家鄰居中國人是間諜」作為引言。

　　中國人不是很在乎別人怎麼看待他嗎？如果你在乎美國人怎麼
看待你，你就必須明白英文說：「ONE WHO EARNS THE RESPECT
受人尊敬的人是他賺來的！」EARN 這個字是指一個人的學識、風
度、氣質、談吐、個性等而受人尊敬！絕對不是暴發戶有錢而粗俗
就能受人尊敬！因此當美國人把中國人當「人」看待的時候，中國
人自己也得把自己當人看——說人話，做人事，絕對不能發揮「妓

女貞節症」！高瞻女士的所作所為使住在美國的中國人臉上無光！因為英文說：「ONE WHO EARNS THE DESPITE 被人輕視的人是他賺來的。」高瞻女士為我們 EARN 到美國人的輕視。讓別人輕視大概不會快樂吧！

我知道我說的話會招來你這樣不知反省又用小腦直接反射的人的責備，所以當我看到世界日報 2003 年 10 月 18 日星期六台灣新聞（三）的社會版時我就留下來了。有段新聞大標題「得菜花忍 5 年，水電工斷根」，副標題是「初次召妓就中鏢，他諱疾忌醫罹陰莖癌，只得切除」。在美國，你就是這樣的人！你儘量保存你小腦直接反射式的「中華文化」（菜花），只要你生活得快樂就好。至於會不會變成「陰莖癌」，要不要「切除」都是你自己的「事」與我無關。

我，王定和只是一個旁觀者的傳道人而已，說不說在我，聽不聽在你，但願你在美國生活得快樂。

英文說：「身在羅馬就必須照羅馬人做的去做（When at Rome you must do as the Romans do）。」

你不照羅馬人做的去做，你會快樂嗎？！美國人得了菜花肯定去找醫生，他們絕對不會諱疾忌醫！

應該知道「情、理、法」和「法、理、情」 的不同

　　中國在人治和專制政體之下，只有皇帝一個人是「人」，其他的人必須作賤自己及沒有自尊的活著。因此中國只培養「大」！「小」的遇上「大」的，「小」的必須作賤自己及沒有自尊。

　　最大的官員是宰相，宰相見皇帝時，眼睛必須看地，下跪，自己說自己是「奴才 XXX 叩見皇上」。我們面對宰相時，我們能眼睛跟他平視，站好，自稱「我」嗎？我們得更卑賤！

　　在中國，有品格、是非、黑白、對錯分明又有才幹的人，他們的結局都很淒慘。胡秋原先生寫了一本《中國英雄傳》，七百二十位英雄，沒有幾位英雄的結局是好的。

　　宋朝岳飛將軍能沒品格、是非、黑白、對錯混淆不清嗎？如果他是這樣，他絕對不可能帶兵！結局是被砍頭。

　　明朝袁崇煥將軍能沒品格、是非、黑白、對錯混淆不清嗎？結局是被剮 308 刀凌遲而死！（旁觀者讀這本書從頭哭到尾）。

　　在人治和專制政體之下，中國人的人性遭到嚴重的扭曲。因此人人以「自我」為中心，「大」人說的不是人話，謊話，瞎話，「小」人只能聽著，「小」人指出「大」人說的是錯話傷到「大」人的「自我」，使「大」人覺得沒有面子而怒，「小」人就慘了。

　　蔣中正獨夫說「一年準備，二年反攻，三年掃蕩，五年成功」，睜眼說瞎話，雷震先生說：「反攻無望」，雷震先生犯到蔣中正獨夫的「自我」，雷震先生慘了！

人治不是只有一個人慘，會使一家人，甚至九族人跟著一起慘。

為了防止兒女得罪有「權勢」和「管」我們的人而連累到老子慘，所以中國人的教育必須把人從小罵，壓，打「乖」──聽話，要沒品，沒格，作賤自己，沒有自尊，屈辱的活著。除此之外各行各業的人都得「乖」！

中國人唯一找到自尊的方式就是我「壓得住」你！你「禁止」進去，老子偏要進去哦，你「不准」吸煙，老子偏吸！誰能違反「禁止」和「不准」的人，沒人能把他怎樣，他就有自重感和面子了。

在中國大家都知道「大」人大過法規，有「事」或出了「事」就找「大」人或有「關係」的人擺平，因此中國人講「情、理、法」。台灣國民黨秘書長許水德先生的名言：「法院也是國民黨開的」，就是「情、理、法」人治社會最好的例證。

你注意看美國立的「禁止」和「不准」的告示牌，下面有 SEC.1234（法條 1234），XXPD 是說 XX 市警局，City code1234（市法規 1234條）等，這是說法既立，大家一體遵守沒有例外！這就是法治社會。

2002 年 8 月 18 日星期日世界日報頭版第二條新聞標題是「拒罰單，華裔父子遭警痛毆逮捕」，副標題是「紐約法拉盛警方取締雙排停車疑濫用暴力，楊德才，楊林被控襲警，妨害公務」。

旁觀者已看到雙方衝突點：

中國人認為對警察說「我太太一分鐘（或馬上）就出來了（意思是警察你就通融一下嘛）」就行了，用的是習慣成自然的「情、理、法」方式。根本不知道美國警察的觀點是「違規就是違規」，我就執法──開罰單給你！中國人認為你這個警察怎麼這麼不講理！？我跟你說了我太太馬上就出來，你還要開罰單，這個罰單我不收！拒收罰單小事變大事！

　　陶龍生律師在世界日報發表的「在美國不能不會打官司」一文中說：「有小事被警察詢問或拘捕，請不要抵抗，如果是冤枉的，不必和警察吵架（其實越少說話越好），到法庭後找一位好律師替你辯護和開脫。如果當場和警察吵架甚至相拉，便是節外生枝，這時變成「拒捕」（resistance）或「阻礙法律執行（Obstruction of justice）會把事情弄得極為複雜……」。」楊先生拒收罰單就是把事情弄得極為複雜！

　　中國人最恨別人看不起他，但是在屈辱中成長的人和在自尊尊人中長大的人，他們做事和說話是 180 度不同，因此中國人天天很自然的做讓美國人看了就看不起他的「事」，也很自然地說讓美國人聽了就看不起他的「話」。只要美國人用美國辦法對付中國人就是「種族歧視」，「濫用暴力」。是這樣的嗎？

　　美國人說：「打不過他們就加入他們 If you can not beat them, join them」，中國人說：「寧為玉碎，不為瓦全。」你想在美國生活得快樂，你要「加入他們」呢，還是「不為瓦全」呢？你自己給自己找個答案吧！

要深刻瞭解自己的「壞」哦！

　　三千多年來所有的中國人在人治與專制的政體下就只追求「大」,「大」人有「權力」,有「權力」就說了算。所以中國人說「大丈夫不可一日無權！」權力的最高境界是「君叫臣死,臣不敢不死,父叫子亡,子不敢不亡」。權力造成中國人壞毛病,壞性格,壞心眼……「百人會」給全美國的美國人一千二百份問卷,問他們對中國人印象如何？有四分之一的美國人對中國人的印象不好！

　　常言說「知己知彼百戰百勝」,自己都不瞭解自己又哪能瞭解別人呢？你們先瞭解自己的「壞」,等到「知己」了,以後再去知彼就容易了——美國人怎麼說,你們就怎麼說,美國人怎麼做你們就怎麼做,那時你們在美國會生活得快樂。

中國人的「壞」是怎麼來的？

　　中國人的「壞」是沒有自尊,待人粗野無禮,表裡不一,陽奉陰違,沒有公德,自私自利,說謊話,沒主見,沒自信,沒創意,不敢說「NO」,逆來順受,一盤散沙,貪污索賄,「大」欺「小」,「上」騙「下」,「下」矇「上」,「強」凌「弱」,「眾」暴「寡」等等,這些所謂的「劣根性」究竟是怎麼得的？是這麼得的：

忠於個人

　　皇帝給我官做,也給我錢糧,更給我「權力」。因此把我像狗一樣的訓練忠於他,如果我有自尊,不願意做一條狗而對皇帝說：

「NO」，那就是對皇上大不敬，反了！要滅我九族！我對皇帝的「忠」如一條狗。我給你官做給你權力，你對我盡忠也要像狗一樣。你給他官做，給他權力，他就是你的一條「狗」。

中國人不把人當人看，因為我們都是「狗」，只是「狗」的主人有「大」有「小」就是了。

保衛「權力」

官的生活費和權力都是皇帝給的，為了保住自己的官位和權力就必須得幫著皇帝把人民當牛羊一樣的去「牧民」，不是把人民教聰明的，而是把人民教愚蠢——人人要「乖」，要「聽有權力的人的話」。

任何有「權力」而又「管」我們的「大人」，只要他生氣對「小人」開口就罵，伸手就是一記耳光，喝令跪下，用棒子，皮鞭狠揍使人失去自尊心。「大」人對「小」人說話的語氣不是命令式就是質詢式，沒有禮貌的語氣！「小」人對「大」人說話要有禮貌，表示「乖」。

官又教人民「各人自掃門前雪，休管他人瓦上霜」，不論誰被有權力或有後台勢力的人欺壓，老百姓絕對不能為他打抱不平，誰先出頭誰就慘！因此老百姓必須學「多一事不如少一事，少管閒事」，以免惹禍上身。

尊敬「權力」

有「權力」的人說話算數，因此中國人辦事找「頭」，由「頭」交待下去，所以中國人說「寧為雞口，勿為牛後」，又說要當「小廟裡的大和尚」。人人都想當「頭」當「大和尚」還談什麼團結，不自私才怪！

權力只有自己不管別人感受

　　一家台灣公司派駐北加州分公司的主管就在辦公室叼根煙到處走，全辦公室二、三十人沒一個人敢對他說：「社長，辦公室不准吸煙！」中國人最恨的就是你當面不准他這麼做或是指出他做「不對」的事，使他沒有面子！

　　199？年的12月15日世界日報副刊有一篇黃碧瑞寫的「李潔明為什麼要『道歉』？」文內說：「……據報導，是李潔明動了氣，對人群喊『回中國去服務，你們是懦夫！』現場的抗議人士『驚愕莫名,瞠目不知所對。』……大庭廣眾被美國人這樣吼罵,有面子嗎？！這就是習慣成自然自找挨罵！」

　　中國人是我的「我」能壓得住你的「我」，你照我說的方式去做，我就有面子，舉例：

　　我不管你能不能喝，也不管你一杯酒喝下去會不會死，我對著你把頭一揚一杯酒乾了，然後用空杯子對著你說：「先乾為敬」，如果你不喝就是「看不起我」，也就是我的「我」壓不住你的「我」，因此會翻臉成仇，甚至動刀動槍殺人。

　　美國人的「我」都一樣大，誰都不能壓誰，要不要乾杯（任何事）都得事先徵求他（她）的同意,問他：「John 我們乾杯好不好？」，他說「好」就乾，他說「NO」，就不能強迫他乾。事先不徵求他的同意就「先乾為敬」，有修養的美國人理都不理你，你因為覺得沒有面子而對他說的話或做的動作激怒了他，他不但會罵你還會把杯子摔向你，你常常被美國人弄得「瞠目結舌無言以對」，或是遭人白眼相待，你在美國生活得快樂嗎？！

子曰：「行有不得反求諸己」，靜下心來好好反省一下我們自己的「壞毛病」吧。

「本事」很弱，但自尊心「很強」是不行的呀！

三千年來，中國在人治與專制政體統治之下，沒有一個人能掌握自己的命運！因為「君叫臣死，臣不敢不死。父叫子亡，子不敢不亡。」官的命由皇帝操控，兒子的命由父親掌控。「官大一級壓死人」，官的運氣掌握在大一級官的手中。官代表皇帝牧民。「民可使由之，不可使知之」，這是做官的為了自己的官位而幫著皇帝努力的培養愚民，愚忠，愚孝……整個社會容不下有頭腦，有智慧，有才幹，有能力也有個性的人！

臺灣的官和政治人物開口就說：「我們是自由、民主、法治的國家」，我們來看看這個自由、民主、法治的國家是真的還是假的？！再看看她的人民能不能掌握自己的命運？！

蔣中正獨夫說：「一年準備，二年反攻，三年掃蕩，五年成功」。雷震先生在他自己辦的《自由中國》雜誌上發表「反攻無望論」又要組反對黨，於是蔣中正獨夫下令把雷震關到監獄！

2002 年為了不讓李敖先生在環球電視臺把現任官做的髒事有憑有據的向民眾講清楚，執政的民進黨把電視臺關掉，電視臺關門了，你李敖不能講了吧！這是臺灣的「自由」。

蔣中正獨夫認為「漢賊不兩立」。外交部長葉公超先生認為「臺灣不能退出聯合國──要漢和賊（中共）都在聯合國內」。蔣中正獨夫把中華民國外交天才葉公超先生幽困到死！

李登輝先生做總統，六次修憲法，修得總統的權力大到沒有任何機構可以制衡他，總統就是皇帝，要怎樣就怎樣，誰敢不聽他的，誰就完蛋！財政部長王建煊先生要實行「土地漲價，地主要付漲價

稅」，臺灣的財團和地主告到李登輝總統那裡說：「外省人搶臺灣人的土地！」於是王建煊被臺灣所謂的民主先生李登輝趕出內閣。這就是臺灣的「民主」！

前國民黨秘書長許水德先生說：「法院也是國民黨開的」。有權力的人把政治事件用法律的方式來處理；把大刑事案件如尹清楓命案，拉葉購艦案等全部隱瞞而查不下去，法官受到權力的人指使，任何法官碰上「權力事件」就不能獨立判案！這就是臺灣的「法治」！

在這種自由、民主、法治的國家中，大家都不能照自己的意願想怎麼做，必須照長輩、上級或現官現管的人的意思，吩咐和交待去做，這就像木偶戲裡的木偶，上面操縱人的大忌就是對有主見，有個性，有才幹的「木偶」能要他嗎？滾！

沒受教育或受的教育有限的人，遇上與自己切身利害的事只能求神、求佛、求菩薩保佑，許願，還願，找算命的人算自己算兒女的命和運好不好？有沒有錢？婚姻順不順？八字合不合？甚至找人家來看風水做法事。

受過教育的人好像更信神，信鬼，信算命，看風水。你看臺灣的「XX 報導」，「XX 周刊」雜誌裡全版，半版說自己是活神仙的「大師」的廣告多的是，這些廣告就是給知識份子看的！

你想知道自己的命和運好不好？你應該看「人倫大統賦」，這是四庫全書皇帝看大臣的相書，最後一句話是「相隨心轉」，——心善相就善，心惡相就惡。相善的人命運比相惡的人要好吧？！其次到廟裡去要一本《袁了凡四訓》，這小冊子告訴你一個人的命和運只要持續不斷的做善事就能從絕命壞運，轉成長命好命和好運。如果你想在美國生活得快樂，你要學本事，而不是算命，看風水！

美國只有黑手黨和販毒組織控制人，除此之外沒有誰能控制誰，他們講的是「有沒有本事」，有本事的人到處受歡迎，沒本事的人只好稍息一邊涼快！

美國社會裡，那些沒有本事，被社會淘汰，失意或精神反常的人才會聚在一起崇邪神拜惡鬼，甚至集體自殺！

一個要住在美國的人卻對美國社會的人和事無知，又不想學，不要學，不肯學還認為自己優秀得很的自大狂，我敢武斷的說：「不管什麼活神仙告訴他，他家的風水好到耶穌在他家前門，菩薩在他家後門，財神在他家客廳」，他在美國要能有成就，挖我眼珠子當炮踩！

中國有句俗語說：「求人不如求己」，在美國只要沒本事就只能拿最低工資。如果你本事很小很小，每小時只能拿$6.75（2004年加州最低工資）卻自尊心很強很強，每小時都想拿$67 的人，我敢保証你在美國活得太痛苦了！

記住：美國是立足點平等，大家在平等線上起跑，不停努力求「知」跟上時代的人才有好生活過。否則休想過好生活！

在美國，「大」要靠實力，

「白日夢」永遠「大」不了

　　2005 年 1 月 23 日世界日報「台灣新聞（二）」版黑白集標題是
「五百億元殺幾士？」，你看看這短文。

　　五年五百億打造「頂尖大學」的預算剛過，不少大學已為這筆
錢應怎麼分醉得暗潮洶湧。大學校長們當然明白吵著分錢並不好
看，但事關學校發展和師生權益，能作君子狀默不作聲嗎？二桃可
以殺三士，五百億元夠羞辱多少鴻儒大學士！

　　花大錢打造國際一流大學，雖不能說癡人說夢，但扁政府「花
錢好辦事」的行事風格，在拚外交、救失業的成效如何，大家心裡
有數。可議的是，台灣教育資源分配長期不均，重科技、輕人文的
傾斜也日益嚴重，但政府眼裡卻只看著雲端，一心要打造一座全世
界都看得到的教育尖塔，這不僅過度虛浮，也將更助長不公。

　　教育部雖然五百億元在握，但對於這一大筆錢要怎麼花才能變
出頂尖大學來，心裡恐怕還沒個譜。事實上，五百億不論是二八開
或四六開、甚至五五對分，被選中的四所 A 級大學和八所 B 級大學，
中的不是頭彩就是次獎。至於其他眾多「不入級」大學，則連「摃
龜」的資格都沒有。

　　台灣有座 101 世界第一高樓，有沒有提高人民的自信？就算金
錢真能堆砌出一所 101 大學，其他眾多大學和大學生就該被貶抑和
犧牲嗎？若為了追求頂尖甚麼都可以不管，其實還有更快速的辦
法，不如學學企業購併五百億到國外買所現成的一流大學。如此，

不僅一舉攻上頂峰，還兼達成本土大學「國際化」的理想，豈不兩全其美？

教育要培養的是健全的公民，但頂尖大學計劃盡打造的只是扁政府的虛榮心。(轉載自聯合報)。

人治與專制政體專門培養「大」，因此造就許許多多「夢想大」的人──搞不清楚自己吃幾碗飯的人比比皆是！

李先生只有台灣小學畢業的教育程度，跟對了上海專門賣輸美紡織品配額的老闆。有一天老闆忽然中風而亡，他就成了老闆。賺了不少錢。二十多年前從台灣帶了一百多萬美金來美國，一句英文都不會說，也不學，不看，始終認為美國人瞎眼，像他這樣有才氣，有經營頭腦的人竟然沒有人「三來其舍相請」，還要自己到中國人開的電子工廠用中文找工作，到那家公司都做不了一年就生氣走人，因為別人太蠢，他太聰明，這麼聰明的人，他們不請他做 C.E.O「大」人去管人，老是做被人管的「小」人，心理非常不平衡，所以牢騷滿腹。

我告訴他:「李先生你用英文告訴美國人你是何方神聖，如何為他們賺到錢，為甚麼應該請你做 C.E.O 並拿出一套英文版的企劃書；保証你在矽谷找到 C.E.O 的位置」。

他看到我就討厭！

張小姐畢業於上海影劇學院，總認為自己是有才華的演員。英文不行，也是不願意學，不要學，認為只要有門路，甚至「獻身」給導演就能一步登天當「大」明星而揚眉吐氣。所以一心一意要進入美國藝術界。

我問她:「妳拿著自己的履歷到洛杉磯市的日落大道找電影經紀人，告訴他們，你是中國最有名的藝術學院畢業的，參加過甚麼電

影和電視演出，拿出劇照給他們看，最擅長演甚麼角色，你能跟美國人說清楚嗎？」答：「不能」。

又問：「妳知道梅鐸是誰嗎？」答：「知道，他是澳州媒體大亨。」我說：「梅鐸看上妳了，『龍年警官』這部電影女主角把陳沖換下來，妳上，妳行嗎？」答：「不行」。

再問：「美國製片人認為妳的身材與身高比楊紫瓊好，電視劇集主打女主角就是妳了，妳能打嗎？」答：「不會打。」

張小姐用「不行」回答了我的問題，臉色非常難看。我這種人真的很討人厭，因為總是戳破別人的「白日夢」，讓他們看清自己「大」不了啦！

也許你看清楚了，那就改變自己，用實力使自己「大」。祝福您！

要瞭解「參與」和「分享」

三千年來中國那麼多皇帝中，漢高祖劉邦是被中國歷史學家評為「豁達大度，知人善使」的好皇帝。但以我這旁觀者看，中國的領袖不是什麼好東西！

劉邦沒有誠信，他跟楚霸王項羽都抗秦，兩人約好誰先進關中誰就是「王」，結果項羽先進關中，劉邦不承認，再把項羽逼到烏江自刎，他自己稱「王」。

劉邦不仁不義，韓信帶兵為劉邦打下天下，劉邦一坐上皇帝的位子就想到韓信有兵權，只要韓信想當皇帝，我就完蛋了！於是把韓信騙進後宮，以「私入後宮」的罪名把韓信殺了。

劉邦絕情而殘酷，他跟項羽結拜兄弟，當雙方打起來的時候，項羽把劉邦的父親抓起來，對劉邦說：「我把你父親給煮了」，劉邦說：「我的父親就是你的父親，你煮了我的父親別忘了分我一碗肉和湯」。劉邦做了皇帝，對冒犯他的大臣就是「煮」，煮好了把此人的肉和湯分給其他大臣吃。

皇帝可以對任何人無信、無情、無義、無仁，但你我對皇帝必須要有信，凡是對皇帝撒謊的人就是「欺君」，欺君輕則挨皇帝罵，降職丟官，重則惹皇帝大怒，不但自己的命保不住了，恐怕全家被「滿門抄斬」。

所有的人都得對皇帝有義；因為他給人官做，做了官就可以吃皇糧拿皇薪，還受人民跪拜又有「權力」可以貪污受賄，因此必須向皇帝效忠，如有謀反之心或行動，皇帝必殺他九族親人！

進皇宮做「僕」的男人得割掉自己的生殖器，皇帝才放心他後

宮的三宮六院七十二妃眾多女人不會被別人「搞」。就為一己之私把別人弄成男不男女不女的太監！

皇帝後宮那麼多女人，生下很多皇子皇女，皇子們為了登上皇帝位而在宮中結黨，使壞，出壞主意，什麼壞事都做得出來，甚至把同父異母的其他皇子絞殺也不是新鮮事。

隋陽帝開科取士，讀書人窮一生時光唸書寫字就是為「千里做官只為錢」──做官是讀書人唯一的出路，誰要碰掉他的官位，就等於讓他死，他當然會先殺了你！

皇帝領頭自私自利，中國人能大公無私嗎？！中國人的自私自利已經到拔一毛立天下不為也的程度，要「為」也是先問我拔這一毛對我有什麼「好處」？因此中國人走到那裡都讓人討厭。東南亞國家只有泰國對華僑最好，其他國家排華的多了！

美國人也自私，但他們只自私在自己一畝三分地之內，這一畝三分地就是在錢上你別想沾我的便宜，但在公益事上，他們會出錢出力，舉一個明顯的例子：

學區好，是住在這一區的美國人共同為這個學校出錢出力大家分享的結果。只要學區一好，中國人不管自己的子女是不是讀書的料，就拼命買這一區的房子先住進好學區，於是這一區的房價被中國人炒得離了譜，而中國人又是那種「皇帝習性」──享受可以，出錢出力免談！結果害到自己。

美國人紛紛把房子高價賣給中國人後搬到別的地方去買大房子，美國老師走到那裡都是老師，年薪四、五萬，但他的房子不是那裡都可以十萬買，五十萬賣！五十萬賣給你，他去別的地方做老師，二十萬買更大的房子，結果是：這個學校因為這一區的房價太高而找不到老師，你自己想想；這一學區在拔一毛立天下不為也的

家長們不參與下會好嗎？好的老師進不來，這一學校會好嗎？好學區也會在中國人的自私自利只享受不參予下也會變成壞學區！

二十年前，美國最有名的中國人是王安先生，他是中國最大的企業──王安電腦公司，王先生老了，讓他兒子當家，總經理辭職，王安電腦公司的股價立刻下跌，事實證明王安先生的兒子沒有能力經營這家公司，於是王安先生臨老再度出馬已時不我予，現在王安電腦公司還在嗎？

二十年後，中國人在美國有好幾十家小銀行，就沒有 Sumitomo 這樣的大銀行！有幾萬家小公司，就不再有王安電腦這樣的大公司！

必須知道有去無回的「單軌」

和有去有回的「雙向」有甚麼不同

2004 年 8 月 12 日星期六，世界日報台灣新聞（三）版在下方新聞標題「小時候受的傷害，長大後不曾撫平，七成民眾內心住著哭泣小孩」。要解答這個心理現象，請大家跟我一起仔細的分析：

人，是不是有人性？人性是雙向的吧？！每天早上你對我笑笑說聲：「早」，我對你也笑笑說聲：「早」。如果你對我笑笑說聲「早」，我理都不理你，還說：「神經病！」連續三天，你還會對我笑著說「早」嗎？！肯定不會！但是有一股巨大，看不見，摸不著，使人心生恐懼的「力量」逼使你每天早上必須對我笑著說「早」，而我仍然不理你，有人硬把「雙向」人性扭曲成「單向」，你的感覺是甚麼？！

漢武帝聽從董仲舒的建議罷黜百家獨尊儒術，只有孔夫子說的話才是「學問」，其他人說的話都不是，讀書人唯一的出路是做「官」，做官要考試，考試只考孔子說的話。先使人民的思想變成「腐儒」，再把人性扭曲成單軌。這樣就把人民弄愚笨，愚民容易管。

孔子主張的人性是雙向的，他主張「君君臣臣」皇帝說出來的話，做出來的事要像個做皇帝的樣，做臣子的人其言行就不會亂來。「父父子子」做父親的說話做事像個做父親的樣，做子女的就會尊敬父親。「夫夫妻妻」做丈夫的對妻子言行像個做丈夫的樣，做妻子的對丈夫就會敬重。但是皇帝的人治與專制政體硬把孔子主張的「雙向人性」扭曲成「單軌」，就是「君不君臣亦得臣」，皇帝說話做事都讓臣子們有「媽了個屄」的悲憤！但臣子對皇帝的話仍得絕對服

從，否則就是對皇帝大不敬，會被流放，殺頭，滿門抄斬和滅九族！「父不父子亦得子」，父親的言行使兒女有「他媽的」氣憤，不願和羞於做他兒女的感受，但「天下沒有不是的父母」，所以子女必須服從父親的意思，否則就是棒打出孝子，甚至「父叫子亡，子不敢不亡」，不論父母多混蛋，兒女絕對不可以忤逆父母！「夫不夫妻亦得妻」，丈夫對妻子的言行使妻子有「肏你媽」的心理反應，但是做妻子的得「嫁雞隨雞，嫁狗隨狗」的恪守婦道。丈夫有權隨時休妻，只要一紙休書就行。這種把雙向人性扭曲成有去無回單軌的情形就是把人性強力扭曲成狗性──只要我「上」你「下」或我「大」你「小」，你不照我說的去做，違反我的意思或你說的話或做的事惹我不高興，我對你開口就罵動手就打。你必須像狗一樣逆來順受，不可反抗，否則後果悽慘。人活在這種缺乏人性及靈性的社會中，從小受到的心理創傷及長大成人後所受的屈辱只能在我們心府哭泣。

今天我們有幸來到美國這個把人當人看的國家，我們必須明白美國人的人性是雙向的，如果你說話做事還是習慣成自然的對美國人用單軌方式，你必定被美國人反擊受美國人白眼對待或挨美國人的罵！不信你對美國人「哎……看看」，看有誰會理你！？

美國銷售人員一進辦公室就指著中國老闆破口大罵，原因是：

公司大家開會決定誰管那個市的銷售，美國人管 West Covina 市的銷售。中國老闆不吭聲的把他朋友的兒子也放到這個市去推銷，他的論調是「中國人賣給中國人，美國人賣給美國人」。結果被美國推銷員發現了，於是美國人回到公司就指著中國老闆罵，被罵會快樂嗎？

在他把朋友兒子送到這市做推銷之前，他應該先問這位美

國推銷員可以不可以？或是雙方協商出一個合作共利的方法，是「雙向的」，絕對不是「我是老闆，我說了算」的，有去無回的單軌方式！

你在中國受的是「單軌」教育，而你們的子女在美國受的是「雙向」教育，因此你們做父母的與子女之間互相不瞭解對方為甚麼會那麼做？那麼說？因而產生很大的誤解與隔閡，往往造成子女仇視父母，一旦長大離家就再也不理父母了。

如果你想在美國生活得快樂，要「家和萬事興」就得深深瞭解說話做事都得「雙向」，習慣性地用「單軌」方式說話和做事，肯定處處吃美國人的憋！

我王定和與大家都受過長久的「有去無回單狗性」訓練，今天我終於明白美國「雙向人性」的可貴在於真正的尊重對方。願與大家共勉。

痛改中國人的習性！

人治與專制政體把中國人的人性強力扭曲成狗性，因此中國人的習性是：

主觀不包容

我們從小在家要聽父母的話，要乖，不能有自己的意思，否則會被父母臭罵，狠揍。上了學要聽老師的，「一日為師終身為父」，敢「不聽話」老師就用藤條侍候。長大了要聽現官現「管」的人的話，敢不聽「大」人的話就是自己「找死」！請仔細想想，你我在這種環境中長大成人，我們學到的都是得聽從「大」人「主觀的話」，從來沒有被「大」人尊重過，一旦我們成為「大」人，我們會替別人想？會尊重別人？能「宰相肚裡撐船？」接受「小」人的建議？容得下別人的批評？得了吧，所有的「大」人都被訓練成「狗性」，「大」人能把我們教育成具有「人性」？

只要你想在美國生活得快樂，你就必須睜開眼看看美國人的「雙向人性」，明白了，懂了，要自己把「單向狗性」轉變成「雙向人性」在美國生活就快樂多了。

懦弱而冷漠

請仔細想想，在人治與專制政體統治之下，你這一生敢「路見不平拔刀相助嗎？」看見「大」人和「管」人的欺侮「下」人和「被管」的人時，你敢「仗義執言嗎？」敢「打抱不平」嗎？你自己受

到「上位」和「大」人的言詞辱罵，欺壓時，你敢回嘴頂撞嗎？你敢據理力爭和反抗嗎？「大」人交待你做違法或你不願意做的事，你敢大聲的說「NO！」嗎？要是你「敢」，你肯定知道後果是甚麼，一想到「敢」的後果，你就只能「敢怒而不敢言」的冷漠以對或冷漠旁觀了。因為你知道「權勢」的可怕。

美國是民主與法治，美國人碰上不平與欺壓時就會反抗，因為他們知道法律會為他們伸張正義。

你想在美國生活得快樂，你就必須學會有話要「講」，有「屁」能放，不願意就直接了當說「NO！」受到不公平對待或被「上位者」冤屈就去對法官講，由法官為你討回公道。千萬不要懦弱！

不自愛而作賤自己

中國俗語說：「三句好話不如一馬棒」，你對大家說：「請排隊」，沒人理你，「謝謝大家排隊」，也沒人理你，「求求大家排隊好嗎？」還是沒人理你，還記得上海開始賣股票那天，公安用棒子打下去以後買股票的人才乖乖排隊的鏡頭嗎？為甚麼對中國人一定要用棒子呢？因為人治和專制的政體只培養「大」，誰「大」誰的「權力」就大，權力大就可以「我要怎麼樣」，你們「下」人就得「聽話照做」——必須得「狗性」乖乖服從。所以人治與專制是不尊重人的，不把人當人看的。幾千年下來，中國人沒有自尊，也不會尊人，因此治理中國人就得用「馬棒」。

美國是民主與法治，民主培養自尊尊人，法治教育人民遵守公共道德和秩序，所以英文說：「One who earns the respect 被人尊敬是他賺來的。」你在美國習慣性的表現出要挨「馬棒」才行的言行，

放心，你一定會被美國人「K」，也會被美國警察罰！

虛榮而無知

　　中國人都要「大」，「大」不了也要彼此之間用錢，學歷，社會地位，職業頭銜比出一個「大」「小」。最能表示「大」的就是「官大」，官大權力就大。沒有官銜的就得發財，讓大家一看就是有錢人，中國人俗語說：「有錢能使鬼推磨」。又說：「有錢的王八坐上席」。在中國只要官大和有錢就受人尊敬。

　　台灣比中國大陸先發展經濟，因此也比大陸人先富有，但是1985 年左右日本人在台灣做的統計報告說：「台灣人每年平均只讀0.8 本書」，這就表示絕大多數的台灣人除了富有之外，在知識，反省，思考能力，風度，氣質，言談，舉動上都很差勁！你看台灣選出來的立法委員和總統就知道我說的是對的！

　　你想在美國生活得快樂必須有知識，能自我反省才行哦！住在窮人（East Los Angeles）旁邊開好車，穿金戴銀表示自己有錢，因此招來美國，墨西哥，中國，越南的搶匪打劫。你天天活在害怕中會快樂嗎？

　　朋友，只要你不改你的中國習性，不論你帶來多少錢或得了幾個博士學位，一旦有「事」臨頭，因為無知而不能解決，也不知道如何去解決自己的「事」，能快樂嗎？

「痛改中國人的習性」這篇文章在亞省時報刊出之後招來讀者的「反應」，請看：鳳凰城讀者阿泰

在貴報 B8 版偶然讀到一題名《想在美國生活得快樂嗎》的一段連載，我們僑居美國的華人大多會受吸引。你會想看一看是甚麼內容，但每每一讀之下令你熱血沸騰，文章將中國人罵得狗血淋頭，一無是處，連豬狗都不如，觀點非常偏激，我不知他是甚麼人（他自己以為）任何民族都有其優點，亦有其缺點，這是無可厚非的，不是美式的就樣樣好而中國的就樣樣不可取，亞裔在美國（其中很大的成份是華人），據調查所得，受高深教育的人數為各族裔之冠，而絕少見到亞裔（尤其是華人在乞討），連入息亦為其他各族裔之冠，而這作者一概都看不見，而用「想在美國生活得快樂」借題發揮。我告訴你罷！我們是不會快樂的，因為有一個如此同胞「數典忘宗」，辱罵國人！比起以前上海租界公園門口寫著，「華人與狗不得入內」還要痛心百千倍。

正當，中國改革開放，經濟快速增長，國力日漸強大，世界地位日漸提升，百年來被列強欺壓的日子已一去不復返，身為炎黃子孫，亦以身為龍之傳人而驕傲，不知作者是何居心。借「想在美國生活得快樂嗎？」而盡量將所有中國人貶低，居心何其惡毒，告訴你吧！美國人眼中不論（ABC）（在美國出生的華人）、OBC（海外出生的華人），都歸於一類華人，亦即你（作者）亦應受馬棒打下去一類。

177

鳳凰城瞬間

　　王先生，我這樣稱呼他，是對他深表敬意，這不僅是為他博古通今，學貫中西，也為他表現出來的卓越的膽量與勇氣，王先生的觀點是否正確全面與客觀公正，先暫且不論。我相信他的出發點是想用他的知識與經驗，幫助每一個新來美國的中國人，或想在美國發展的中國人少愚蠢，少走彎路，以及少付不必要的代價，這樣的用心可謂良苦，也許這正是激勵著他寫出一篇又一篇系列專題文章的原因。

　　筆者就不敢自稱是一個旁觀者，因為深知當旁觀者難，當一個清醒的旁觀者更難。想想也是，自己吃的米飯比麵包多，講的中文比英語流利，又始終無法忘記自己是個中國人，必定是深受中國傳統文化、教育、習俗，與價值觀念的影響，按照王先生的標準，自然是沒有資格當一個旁觀者的。在看了王先生筆下刻劃的國人肖像后，更是驚出一身冷汗—汗顏無地，我們的面目原來是如此醜陋？！可見王先生文章的威力。

　　深受先生啟發，讓筆者在這裡也斗膽說出自己的一些疑惑，還望先生多多指教，先生極為推崇西方社會的民主法治，反復鞭韃中國封建社會的人治專制，筆者舉雙手贊成。只是在先生筆下，似乎現代中國人還個個都是這種封建制度的犧牲品（打擊了一大片）。以及中國文化不行，中國人壞，自大，狡詐，不懂得尊重人，也沒有自尊心……（殺傷力超過任何現代化武器），使筆者驚愕，何況先生還把中國人在美國的所有不適應，不發達全都歸結為是由中國人的這些劣根性造成的，讓筆者感到更加百思不解，試想，如果一個美

國人去到中國不也會遭遇到同樣的挫折，鬧同樣的笑話，經歷同樣的不快樂嗎？事情本就那麼簡單，難不成也要查查這與他們民族的什麼劣根性有什麼聯繫！不知怎的，筆者原沒有一點點自卑感，看了先生的文章后反倒喪氣，感到沒有自尊，這是不是一種失敗，值得先生考慮。我相信，不少人，不禁還會產生這樣的疑問，先生的動機究竟是要幫助自己的同胞？還是要狠狠打擊他們？

先生的論點之一，中國人在美國不受歡迎，是因為中國人有奴性，而這種奴性的來源之一是從小受到棍棒式教育，「中國人的父母和老師從小對孩子和學生一開口就是命令，交待，訓斥，辱罵或動手打，這是罵你是為你好」，不打不成器」，《見亞省時報第 354 期》。「子女必須服從父親的意思，否則就是棒打出孝子」。《見亞省時報第 358 期》。「我們從小在家要聽父母的話，要乖，不能有自己的意思，否則會被父母臭罵，狠揍。上了學要聽老師的，『一日為師終身為父』，敢不聽話，老師就用藤條侍候。」等等。先生所言極是，筆者深受教益，只是又不明白，既然先生深惡痛絕這種教育方式，為何也會建議美國人採用這種「教育方式」來對付自己的同胞。「中國人要用馬棒狠打下去才行」。《見亞省時期第 361 期》，難不成也是應了這句話，「罵你是為你好」，「不打不成器」，竟然用中國人落後專制的辦法去教唆人家「堂堂文明」的美國人，筆者不禁要對先生旁觀者的身份產生疑問。（這也的確證明先生說過的用小腦容易，用大腦難。）而如果連一個旁觀者都當不好，還有什麼「清」可言呢？

先生的另一個論點是中國人自大，怕上欺下，沒有平等。可是人人都知道美國人更自大。美國人以自我為中心，只有你錯，我永遠不會有錯。你不僱我，是你瞎了眼。不識我才，是你活該倒楣。美國喜歡當世界警察也是世界共知的事實。這種老子天下第一的心

態，是不是到了中國人身上成了劣根性，而發生在美國人身上就變成了優越性呢？

其實我們都清楚，正如每個人都有優缺點，每個民族都有自己的長處與短處，歷史上，希特勒鼓吹優劣民族論，留下了血的教訓，讓人感慨，也讓人警惕，所以絕對地肯定一切，或否定一切都是不可取的。我們應該學習人家的優點，也要發揮自己的長處，美國本是一個大熔爐國家，因此努力發揚光大自己的文化，使中華文化融入主流文化才是我們的真正使命，連人家美國總統布希都讚揚華人在美國作出的傑出貢獻，我們還有什麼理由再自輕自賤。王先生，提批評意見要善意哦，長篇累牘地罵人，罵來罵去這麼幾句話，會傷害到全體國人的感情，你的良苦用心就白費囉！

此外，你是明白人，一定也了解人家美國人是不是還會那麼蠢，從洛杉磯黑人暴動到趙燕賠款事件證明你這根高舉的馬棒是要付出深重代價的，趁早還是輕輕放下吧！

言重了，對不起，王先生！

意見 TO「想在美國生活得快樂嗎？」

祖筍讀者蘭心仙兒

「想在美國生活得快樂嗎」這個題目很吸引人，特別是對我們這些華人，可內容和題目十分不協調，內容多部份都在批評中國，當然這十分好，讓我們熟悉自己的缺點和壞習慣，但是讓我們清楚自己的壞，就能讓我們生活得快樂嗎？或許這個題目可以改成「怎樣融入美國的世界」，這個題目不但能吸引讀者，更能適合內容，很高興會有這樣的一個中國作者寫出國人的醜陋一面，這樣不但能提升自身的檢討，而寫的也是事實，不過人總不喜歡被批評，有道是忠言逆耳，不知該說贊同此作者還是不贊同，不知該說你太高抬美國人呢，還是說你太貶低中國人了，不過既然作者說的都是事實，我也無話可說，中國再壞也是我的國土，我對於身為中國人我很自豪，也很榮幸。一開始看這文章時我的心中有很多想法，我認為身在美國了，就該多了解美國。所以，我很感謝作者，後來，又想想中國真的有這麼糟糕嗎？或許這是作者的個人意見吧。不過看完文章後，我對中國的心永不變，我希望各位讀者也一樣，中國或許有太多的害群之馬，那是因為你們沒發現它的優點，話說的好，有愛才有恨，相信作者對中國的心情也是，由愛成恨的吧。因為太愛中國，不希望再看到歷史重演，而寫出中國的醜聞，希望我們中國人緊記歷史的殘酷，不要重犯相同的錯誤，我相信我們不會的。因為，我們中國正慢慢改善，自我的管轄行政 "Anti-violence"，加油吧！

讓美國人用「馬棒」管就不快樂囉！自愛吧！

本旁觀者知道中國人看不起黑人和墨西哥人，這兩種人在美國大多數是窮人，但他們知道遵守公共秩序──排隊。中國人有五千年歷史文化，是炎黃子孫，是龍種，但是在人治與專制政體統治之下長大成人的國民，很多人會自然而然地表現出賤行，賤品和賤格：你看看美國境內最大的中文報紙世界日報 2004 年 7 月 14 日星期四美西綜合 B5 版的新聞就知道很多中國人非常自然地表現出賤行，賤品和賤格：

標題：蒙市發放低收入耆老免費食品，華裔互罵動手，令人氣結

【本報記者胡清揚蒙特利公園市報導】13 日下午，洛杉磯地區食物銀行（Food Bank）再度派發出專車與員工到蒙特利公園市巴恩斯公園，發放免費食品給低收入年長者，只見公園聚集五百多位華裔老人，大家爭先恐後想領取食物，甚至出現互罵及動手場面，令工作人員氣結，數度停止發放，並揚言，老人們若不守秩序排隊，今後將停止蒙市發放活動。

食物銀行每個月定期至巴恩斯公園發放食品，通常領取的人數僅數十人，本報 6 月 30 日專文介紹刊出，13 日下午竟然出現五百多位華裔老人，把公園涼亭擠得水洩不通。許多人當天上午 11 時即抵達，眼見後來的人搶占位子，大家開始拉扯推擠，現場亂成一團。

下午 2 時，食物銀行的專車與工作人員抵達，看到這個驚人場面都嚇了一大跳，任憑他們喊破喉嚨，老人們就是各不相讓，不肯排成一行，人擠人、人推人，一團混亂，迫使工作人員停止發放，並且揚言，情況若不改善，他們只好打道回府。

這個情況看在每個月固定來領取食品的幾位主流年長者眼中，氣得大罵「你們中國人要搶免費食物，應回中國去！」但是華裔老人們只會說國語或廣東語，聽不懂英文，也沒人在意老美及工作人員說甚麼。工作人員一而再、再而三地被迫停止發放食物，時間就這麼流逝。好不容易在幾位熱心人士安排下，老人們終於排出一行，但因多數人首次領取，須查核資格並建立電腦檔案，比較費時，原本下午五時結束發放活動，延至六時還無法完工，工作人員只好收攤離去，留下近百位老人空手而歸。

這新聞證明本旁觀者說的「治中國人要用馬棒狠打下去才行」！

不要再往自己臉上貼金

誠實認清自己，勇敢面對自己，然後才能贏得別人的尊重。

紐約市未具姓名和留地址的讀者，您寫來的信我收到了，如果您用理性的眼光來看我的文章，相信您會快樂一點。如果您以「長他人志氣，滅自己威風」感性的眼光來看我的文章，您必然不會快樂。因為您認為中國人的好，像是我們是禮儀之邦，我們有勤勞節儉的美德，我們也是有頭腦的民族……我們有吳健雄、楊振寧、丁肇中、李政道等等國際知名的博士。這些我都知道，問題是禮儀、美德、有頭腦必須人人表裡一致才行。最低限度也要百分之八九十的人表裡一致，吳健雄、李政道等博士才是錦上添花。百分之八九十的人表裡不一致，吳、李等博士是雪中送炭，還是熱不起來！

我們有句俗語說：「家家有本難唸的經」，這意思是說每一家都有自己的問題和困難。「龍生龍、鳳生鳳、老鼠生的兒子會打洞」，這句諺語是說什麼樣的家庭教出什麼樣的人。為鼓勵人人進取，又有一句俗語說：「將相本無種，男兒當自強。」

一個家裡的任何人都代表這個家。如果我有惡劣言行，大家的語氣是這樣的：「王定和粗言粗語，行為下流，你少跟他來往！」「你看王定和那副德性！我看他爹娘也好不到那兒去！」「你不看看他爹娘是什麼人，還會教出有出息的兒女！」

國，是由許許多多的家庭組成的。因此，「國國有本難唸的經」。每一個國家的政權不同，社會不同，因此，什麼樣的社會產生出什麼樣的人民。

任何一個國家的成員，親戚鄰里願不願意與他來往，決定於此人的言行。一個國家的國民對另一個國家的人來說，他代表其國。中國人住在美國，美國人只看中國人的言行符不符合美國社會言行的模式，而後決定自己對中國人的觀念是好是壞。

任何一個家族（也許三五十人，也許三五百人），出了一個舉世聞名的人物，並不代表此一家族都是了不起的人。任何一個國家出了幾個美國培植出來的科學家，也不代表這個國家的人民都是優秀的。要被美國人民看重，必須全體都有水準以上的演出！

德國在第二次世界大戰結束的時候，真是國窮才盡。國窮是因為打仗，才盡是因為科學家被美蘇二國擄到自己國家去了。但不到二十年，德國人從國窮才盡中站起來，再度成為西歐強國！這是全體演出成功！

日本，一個什麼資源都沒有的小國，竟敢對中、美、英、澳大國開戰。其敗得之慘，尤甚德國。四十年後的今天，美國仍然被日本的電視機、音響、汽車、電腦、鋼鐵打得招架不住！美國人不念舊惡，竟然倒過來向日本人學習，這是日本舉國上下演出成功！

以色列的土地面積只有三萬四千平方公里（比臺灣還小二千平方公里）。人口只有三百二十萬，四周都是要消滅他的回教國家，還有與她不共戴天之仇的巴勒斯坦游擊隊時時與她拚命。

論土地、論人口，一個埃及就大過她幾十倍！但是以色列人毫無懼色，在三次中東戰爭中，三戰三勝！以色列人憑什麼跟八個國家打？！每次都打贏？

當以色列與鄰國戰起時，全球猶太人有錢出錢，有力出力。美籍、德籍、法籍猶太人紛紛向住在國公司請假或辭職，儘快搭飛機回以色列向國防部報到，然後全身披掛開赴前線。

最使我折服的是，他們不是以色列籍，他們根本不必回以色列為以色列打仗。但是他們知道自己是猶太人，他們是自願回以色列上前線抵禦敵人而視死如歸。

當第三次中東戰爭結束後，以色列大學有六位教師在前線陣亡。以色列政府說：「沒有國家，就沒有這六位教授。」國家，幾乎所有的以色列人不分男女都願為國犧牲。

一九七六年六月，暴徒劫持了法國航空公司的班機降落在非洲烏干達國的恩德比機場，並扣留了所有的以色列人質。

以色列突擊隊做了二千五百里長程飛行，在九十分鐘內突擊恩德比機場救回全部人質。以色列突擊隊司令官約尼·尼坦雅胡中校當場背部中彈陣亡。約尼為美籍猶太人，在賓夕凡尼亞大學教猶太史，為以色列捐軀時才三十一歲！

以色列人的所作所為就是「求人不如求己」。他們沒有口號，沒有高調，沒有表裡不一，也沒有逃避自己應盡的責任。因此，他們贏得全球人士的讚佩，也贏得很多國家的友誼與幫助。德國為了與以色列建交而與其他八個國家斷交。

要別人尊敬，要靠自己做出來的是不是讓別人尊敬。光說不做，窮喊口號，窮往臉上貼金，即使喊啞嗓子，臉上貼金貼成金磚也沒有用！別人認為那是滑稽，絕不會心生尊敬！

一九七〇年三月，以色列空軍副總司令耶魯汗·阿米素說：「假如以色列是一個無法保衛自己的民族，那麼，她就不再有存在的意義。我們被迫不惜付出更高的代價，去換取更多的自由。

「我們」為了維護人道主義的殿堂（The Temple of Humanity），我們寧可犧牲家庭中的成員。也不願自貶身價，向罪惡屈服。

「在敵人鐵蹄下求取生存或苟延殘喘，那並不是我們所希求的。我們要在自己的意願下，走向自己的安樂天堂。假如我們出賣自己的良知去換取生命的延續，那麼，不管你是那一種民族的人，都會變得一文不值！」

以色列人的所做所為給了我很大的啟示——人必自重而後人重之，人必自強而後人助之。個人如此，國家亦不例外！

美國人會小看、輕看猶太人嗎？

美國自一七七六年立國迄今，只有二百二十九年的歷史。猶太人來到美國不知道有多少年，但是中國人來到美國已經有百年左右了。今天猶太人在美國所把持的經濟和政治地位是他們全體合作演出的結果。中國人是個人演出，個人演出成功並不代表全體演出成功！

我不必長他人志氣，因為人家已經很有志氣了；我也不必滅自己威風，因為自己實在沒有威風可滅！

您對別人說：「敬請批評指教」的時候，別人心裡明白得很—不可以說實話。要撿好聽的說，所你您聽慣了順耳的話。我是正好相反，我永遠都是說實話，真是江山易改，本性難移，敬請多多包涵。

說在這本書的最後

我生於日本，長於北京（10年），轉進台灣（31年），最後入了美國籍。你問我感想啊？我的感覺是「媽了屄的這種政府」！17歲我有大腦，但是沒有思想，所以會崇敬偉大的領袖，並願意為他反攻大陸，戰死沙場。

23歲發誓不要再當兵，24歲退除役的時候，把公家發的內衣、褲、皮鞋、衣服等都拿到高雄市政府後面舊貨攤賣了新台幣80元，從此以後絕不穿一件國軍的衣服。誰愛反攻大陸，誰去反攻，與我無關！

24歲參加大專聯考讀中國近代史，對不平等條約的簽定，內心悲憤至極，邊背邊哭。

30歲政大教育系畢業，有大腦也有思想，開始「惡屋及烏」（厭惡領袖，官員甚至長輩，並及於國家）

35歲看透了中國人，寫出「為什麼中國人會這樣？」自己打印，再由大學雜誌轉載。

46歲在舊金山移民局禮堂舉手發Oath的誓言入了美國籍，如果有一天中國和美國開戰，本人必定加入美軍，心甘情願的為美國戰死！如果再發生中日甲午戰爭，我不會捐一分錢給中國政府，也無動於衷。打贏打輸，隨她去，與我無關。

在美國，中國過了江，保住自身沒化的「泥菩薩」多的是，但是肯教後來的同胞「打不過他們，就加入他們」和瞭解「身在羅馬必須照羅馬人做的去做」的重要性的人，大概也只有我王定和肯這麼做了。

「數典忘祖」嗎？的確不假，對我而言，那不把人當人看待的「爛祖」有什麼值得我記住的！就因為我「忘祖」忘得快，所以我在美國生活得快樂！

國家圖書館出版品預行編目

為什麼中國人這樣美國人那樣 / 王定和著. --
一版. -- 臺北市：秀威資訊科技, 2006 [民
95]
　　面 ；　　公分. -- (語言文學)
ISBN 978-986-7080-26-4(平裝)

1. 論叢與雜著

078　　　　　　　　　　　　95003866

語言文學類 PG0092

為什麼中國人這樣美國人那樣

作　　者 / 王定和
發 行 人 / 宋政坤
執行編輯 / 李坤城
圖文排版 / 張慧雯
封面設計 / 羅季芬
數位轉譯 / 徐真玉　沈裕閔
銷售發行 / 林怡君
網路服務 / 徐國晉
出版印製 / 秀威資訊科技股份有限公司
　　　　　　台北市內湖區瑞光路 583 巷 25 號 1 樓
　　　　　　電話：02-2657-9211　　　傳真：02-2657-9106
　　　　　　E-mail：service@showwe.com.tw
經 銷 商 / 紅螞蟻圖書有限公司
　　　　　　台北市內湖區舊宗路二段 121 巷 28、32 號 4 樓
　　　　　　電話：02-2795-3656　　　傳真：02-2795-4100
　　　　　　http://www.e-redant.com

2005 年 3 月 BOD 一版
2007 年 1 月 BOD 二版
定價：230 元

讀　者　回　函　卡

感謝您購買本書，為提升服務品質，煩請填寫以下問卷，收到您的寶貴意見後，我們會仔細收藏記錄並回贈紀念品，謝謝！

1.您購買的書名：＿＿＿＿＿＿＿＿＿＿＿＿＿＿＿＿＿

2.您從何得知本書的消息？

　　□網路書店　□部落格　□資料庫搜尋　□書訊　□電子報　□書店

　　□平面媒體　□ 朋友推薦　□網站推薦 □其他＿＿＿＿＿＿

3.您對本書的評價：(請填代號　1.非常滿意 2.滿意 3.尚可 4.再改進)

　　封面設計＿＿　版面編排＿＿　內容＿＿　文/譯筆＿＿　價格＿＿

4.讀完書後您覺得：

　　□很有收獲　□有收獲　□收獲不多　□沒收獲

5.您會推薦本書給朋友嗎？

　　□會　□不會，為什麼？＿＿＿＿＿＿＿＿＿＿＿＿＿＿＿＿

6.其他寶貴的意見：＿＿＿＿＿＿＿＿＿＿＿＿＿＿＿＿＿＿

　　＿＿＿＿＿＿＿＿＿＿＿＿＿＿＿＿＿＿＿＿＿＿＿＿＿＿

　　＿＿＿＿＿＿＿＿＿＿＿＿＿＿＿＿＿＿＿＿＿＿＿＿＿＿

　　＿＿＿＿＿＿＿＿＿＿＿＿＿＿＿＿＿＿＿＿＿＿＿＿＿＿

讀者基本資料

姓名：＿＿＿＿＿＿＿＿＿＿　年齡：＿＿＿　性別：□女 □男

聯絡電話：＿＿＿＿＿＿＿＿　E-mail：＿＿＿＿＿＿＿＿＿

地址：＿＿＿＿＿＿＿＿＿＿＿＿＿＿＿＿＿＿＿＿＿＿＿

學歷：□高中(含)以下　　□高中　□專科學校　□大學

　　　□研究所(含)以上 □其他＿＿＿＿＿＿＿

職業：□製造業 □金融業 □資訊業 □軍警 □傳播業 □自由業

　　　□服務業 □公務員 □教職　□學生 □其他＿＿＿＿＿

秀威與 BOD

BOD（Books On Demand）是數位出版的大趨勢，秀威資訊率先運用 POD 數位印刷設備來生產書籍，並提供作者全程數位出版服務，致使書籍產銷零庫存，知識傳承不絕版，目前已開闢以下書系：

一、BOD 學術著作—專業論述的閱讀延伸
二、BOD 個人著作—分享生命的心路歷程
三、BOD 旅遊著作—個人深度旅遊文學創作
四、BOD 大陸學者—大陸專業學者學術出版
五、POD 獨家經銷—數位產製的代發行書籍

BOD 秀威網路書店：www.showwe.com.tw
政府出版品網路書店：www.govbooks.com.tw

永不絕版的故事・自己寫・永不休止的音符・自己唱